edition ✛ chrismon

Ursula Ott

Was Liebe aushält

Sieben wahre Geschichten

edition ✠ chrismon

♥

»Die Liebe erträgt alles, sie glaubt alles, sie hofft alles, sie duldet alles.« So steht es in 1. Korinther 13,7. Glaube, Liebe, Hoffnung, diese drei, am größten aber ist die Liebe. Großer Anspruch. Muss Liebe wirklich alles ertragen, müssen Paare »durchhalten« um jeden Preis? Um Himmels willen, nein! Es ist gut, dass heute jeder und jede gehen darf, wenn sie es nicht mehr aushalten. Kein Paar muss heute mehr zusammenbleiben, weil die Eltern es verlangen, weil das Haus gebaut ist oder weil der Pfarrer es von der Kanzel predigt. Man kann gehen.

Und gerade deswegen wird Liebe gerade jetzt so besonders. Sie hätten sich ja trennen können, die beiden Eheleute in diesem Buch, die alles zusammen geschafft haben: Flucht aus der DDR, Trennung von der Familie, Neuaufbau im Westen – und dann geht er fremd und sie meldet sich beim Ashram in Indien an. Sie sind zusammengeblieben, warum eigentlich?

Oder die beiden, die mitten im größten Glück nur einen Moment lang das Kind aus den Augen verlieren – kurz darauf ist es tot. Ertrunken. Überlebt man das? Meistens nicht, Eltern verunglückter Kinder trennen sich häufig, zu groß ist der Schmerz, jeden Tag beim Anblick des Partners an Schuld und

Vorwurf erinnert zu werden. Das verwaiste Elternpaar, das ich getroffen habe, hat es zusammen durchgestanden.

Ich bin selber geschieden und in zweiter Ehe glücklich verheiratet. Wer eine Trennung hinter sich hat, weiß: Man fällt nicht tot um, wenn man sich trennt. Das ist, ehrlich gesagt, eher beunruhigend. Man hat es also mit einem autonomen Wesen zu tun, das würde im Zweifelsfall wieder gehen. Und es ist ein großes Glücksgefühl: Ein freier Mensch, hurra, der es auch alleine schaffen würde. Aber er will mit mir leben. Die Liebe ist ein Kind der Freiheit, heißt es in einem französischen Lied. »Erst als ich gemerkt habe, dass ich es auch alleine schaffe, konnte ich wieder auf ihn zugehen«, sagt in diesem Buch die Frau eines Soldaten, der nach brutalen Einsätzen in Afghanistan und im Kosovo zum Fremdling wurde. Und der selber die Hoffnung verlor, je wieder diese Bilder aus dem Kopf zu bekommen, je wieder ein liebender Ehemann und Vater zu werden. Aber sie glaubt an ihn.

Liebe verliert nie den Glauben, so steht es in der Bibel. Und dieser Satz »Ich glaube an dich« fiel immer wieder in den Gesprächen mit den Paaren in diesem Buch. Der junge Fotograf, der seiner depressiven Freundin mit Bildern und mit Worten jeden Tag zeigt: Du bist schön! Du bist großartig! Du schaffst es! Die Freundin, die ihn ermutigt, aus dem vorbestimmten Leben auszubrechen. Sie sagt: Ich glaube an dich, du wirst ein guter Fotograf.

Natürlich habe ich mich bei den Gesprächen für dieses Buch immer wieder gefragt: Würde ich das aushalten? Würde ich es aushalten, wenn mein Partner einen Suizidversuch unternähme, kurz nachdem ich gerade am Ziel meiner Pläne angekommen bin? Würde ich es ertragen, wenn er dement wird und ich im Pflegeheim zusehen müsste, wie zärtlich er eine andere Frau berührt? Wie würde ich reagieren, wenn es schwierig würde mit dem Sex oder – wie bei der letzten und sicher ungewöhnlichsten Geschichte in diesem Buch, wenn mir der Partner gar gestehen würde, er wolle sein Geschlecht ändern? Wäre die Liebe groß genug, wären wir stark genug? Das kann jedes Paar, das dieses Buch gelesen hat, nur für sich beantworten. Es können, dies als Warnung, lange Gespräche werden über die Liebe. Es waren auch lange Gespräche mit den Paaren, bei denen ich mich ganz herzlich bedanken möchte für ihre Zeit und ihr Vertrauen. Es flossen viele Tränen, wir waren sehr erschöpft, es ging um große Gefühle. Kein Wunder bei dem Thema. Am größten ist die Liebe.

Ursula Ott, Köln im August 2014

Sabine & Hans

Ich gehöre zu ihm

Am Flughafen in Frankfurt, an einem trüben Novembertag, sind alle noch tapfer. Keine Tränen, keine großen Worte. Erst im Flieger nach Neu-Delhi kullern Sabine, 36, die ersten Tränen übers Gesicht. Im Koffer leichte Sommerkleider und luftige Röcke für sonnige Tage in den Tropen. Aber im Herzen düstere Gedanken. Schwere Wochen liegen hinter ihr, sie hat kaum mehr gegessen, wiegt nur noch 39 Kilo.

Mama geht's nicht gut, haben sie den beiden Söhnen gesagt, Mama muss sich drei Monate erholen in Indien. Vokabeln wie »Ashram« und »Enlightenment« sind nichts für pubertierende Söhne. Als Mama ein letztes Mal winkt und dann hinter der Zollkontrolle verschwindet, fährt Hans, 40, mit den zwölf- und 16-jährigen Jungs nach Hause. Ab jetzt halten wir drei Männer zusammen, du machst den Abwasch, du deckst den Tisch, und in zwei Wochen backen wir Adventsplätzchen.

Mama kommt wieder, sagt Hans den Söhnen. Ob er selber daran glaubt? Hans, nicht nur Vater, sondern Hans, der Ehemann und Liebhaber? Kommt Sabine wieder, obwohl eine Affäre ihre Ehe verdunkelt? Kommt sie wieder, obwohl es bei den Aussteigern in Indien ganz schön wild zugehen soll, man hat ja viel gehört? »Mein Verstand sagte: Das geht nicht gut«, erinnert sich Hans. »Mein Herz sagte: Das geht gut. Ich bin mir immer sicher gewesen, Sabine und ich gehören zusammen.«

Man könnte das jetzt kitschig finden. Aber wenn man Hans und Sabine heute, 20 Jahre nach dem Indienabenteuer, gegenübersitzt, dann ist eines schon mal klar: Kitschig sind die nicht, die beiden. Er, Gärtner und Kraftfahrzeug-Schlosser, ein ganzer Kerl, mit halblangen Haaren und kleinem Bärtchen. Einer, der anpackt, einer, der selber die

Wohnung renoviert, der eigenhändig mit einer Schablone goldene Schriftzeichen auf die roten Wände im Taunus pinselt. Das Schriftzeichen steht für »ewiges Leben«, es erinnert die beiden bis heute an die indische Philosophie. Sie, handfest und zupackend, gelernte Buchbinderin und heute Vorstandsassistentin in einem mittelständischen Betrieb. Ihre Kollegen sagen manchmal: Wie lange sind die beiden verheiratet? 34 Jahre? Gibt's doch gar nicht. Die wirken immer noch sooo verliebt. Wie er sie abends abholt, geduldig im Auto wartet, sie zärtlich in den Arm nimmt, wenn sie endlich, endlich geschafft vom Schreibtisch kommt.

An ihrem Schreibtisch kleben auf einem gelben Klebezettel ihre privaten Handynummern. Sohn 1, Sohn 2, Mutter, Nachbarin. Vor eine Telefonnummer hat sie nur ein Herz gemalt. Das ist die Nummer vom Gatten, ja, sie sagt »Gatte«, mit einem weichen Doppel-D in der Mitte. Auf Sächsisch klingt Gatte fast wie Garten, und beides passt auf Hans, den coolen Gärtner. »Wenn ich an das Hänschen denke, dann freu ich mich total«, sagt sie, und sie strahlt wie ein Teenager.

Rückblick. Das Hänschen. Jung war er, als er sie kennenlernte, 24, bei einer Party in einer Gartenkolonie bei Dresden. Ob es ihr schwungvoller Gang war, die langen blonden Haare bis zum Po, die Stimme – kann er jetzt auch nicht sagen, aber: »Ich zu meinem Kumpel: Das ist die Frau, die ich heirate, und er so: Die kriegste nie.« Doch, er kriegt sie. Obwohl ihre Eltern, linientreue Journalisten und Kaderkommunisten, den Schwiegersohn ablehnen: kein Pionier, nicht in der Partei, evangelisch getauft, ein Freigeist – und dann noch aus, in ihren Augen, kaputten

♥ 13

Verhältnissen. Eltern geschieden, Inhaber einer privaten Gärtnerei, hoch suspekt in der DDR.

Schon nach einem Dreivierteljahr wird geheiratet. Einmal muss der Termin verschoben werden, weil die Schneiderin des Hochzeitskleides sich in der Disco beim Tanzen verletzt hat. Aber das sind im Jahr 1981 nicht die wirklichen Probleme. Brautkleider, ja, die kann man nähen, da kann man improvisieren. Aber Hans fehlt es in seiner Gärtnerei an allem, an Folie, an Dünger – mal aus Misswirtschaft, mal aus Schikane. Sabine und Hans fehlt es an geistigem Dünger, an Büchern, an Leben. Und Sabine hat Angst, dass ihre Söhne später zur Armee müssen. »Ich wollte sie zu freiheitlichen und vor allem zu friedliebenden Menschen erziehen«, sagt Sabine.

Es brodelt Anfang der 80er Jahre in der DDR, sie sind ja nicht die Einzigen, die unzufrieden sind. Eigentlich wollen alle Freunde raus, wollen weg. 1983 finden in Dresden die Dreharbeiten zu »Sachsens Glanz und Preußens Gloria« statt, wo Hans eine kleine Rolle übernimmt und abends lang beim Wein mit den Schauspielern zusammenhockt. Die wissen mehr, kommen mehr rum, gucken mehr West-Fernsehen, unken, dass es nicht mehr lange gehen wird mit der DDR.

1983 beschließt die Familie, einen Ausreiseantrag zu stellen. Das heißt erstens: strafbare Handlung, Risiko der Inhaftierung. Eine Pfarrerin verspricht: »Wenn euch was passiert, nehme ich eure Kinder.« Das heißt zweitens: totaler Bruch mit Sabines Eltern. Sie muss es ihnen sagen, die Eltern müssen den Antrag der Tochter unterschreiben. Sie muss den Eltern sagen: »Meine Familie, das sind jetzt Hans und die Kinder. Ich werde gehen.« Viele Nächte kann

sie deswegen nicht schlafen. Hans gibt erst heute zu:
»Manchmal hatte ich schon Angst, dass sie das nicht packt
– sich von den Eltern lossagen.« Angst, ja. Aber gleichzeitig dieses sichere Gefühl: Wir gehören zusammen.

Die Ausreise klingt heute im Rückblick wie ein finten-
reiches Abenteuer, aber man muss immer daran denken: Es
hätte schiefgehen können. Sie hätten im Gefängnis landen
können. Man hätte ihnen die Kinder wegnehmen können. Sie
hatten unvorstellbares Glück. Glück, dass in dem Moment,
als sie bei der Ständigen Vertretung der Bundesrepublik in
Berlin ihren Antrag abgaben – dass da gerade ein Touristen-
bus die Stasibeamten ablenkte. Glück, dass kurz darauf
Franz-Josef Strauß nach Dresden kam und sie dessen
Security-Leuten ihren Antrag in die Hand drücken konnten.
Glück, dass ihnen bei der Ausreise die richtigen Menschen
im richtigen Moment begegneten.

13. April 1984, Hans hat alles perfekt geplant. Er will mit
dem Auto ausreisen, einem Wartburg Camping, in den Kinder,
Teddybären, Geschirr und Steppdecken gepackt werden. Der
Plan: Ein Kumpel fährt mit dem baugleichen Auto hinterher,
falls ein Ersatzteil kaputtgeht. An der Grenze in Obersuhl
dauert die Kontrolle die halbe Nacht. Gewehrläufe richten
sich auf das Ehepaar, der kleinste Sohn, gerade mal zwei,
macht sich vor Angst in die Hose.

Aber Hansi, sagt Sabine heute voller Stolz, Hansi bewahrt
die Nerven. Hat an alles gedacht, bleibt ruhig, wartet geduldig. Erst kurz vor Mitternacht werden sie nach Bad Hers-
feld hinübergewinkt, dort sagt ein West-Grenzer, einer mit
Herz: »Ich habe euch die ganze Zeit beobachtet, ich dachte,
ihr schafft es nicht mehr.« Er nimmt sie mit nach Hause,

seine Frau kocht den Kindern Grießbrei, er macht eine Flasche Wein mit ihnen auf, gibt ihnen Tipps für die ersten Schritte im Westen und leiht ihnen 100 D-Mark für den Start. Ein Engel.

Ja, sie haben Glück. Und sie sind tüchtig, sie schaffen den Start im Westen, nehmen Jobs an, und es könnte doch jetzt alles gut sein.

Vieles ist auch gut. Die Bücher, Wahnsinn, die Bücher, die man jetzt lesen darf. »Ich habe alles verschlungen«, schwärmt Hans. Indische Philosophie, Sri Aurobindo, Bhagwan, Global 2000, die Grenzen des Wachstums, der Bericht des Club of Rome. Und endlich darf man Fragen stellen, die in der DDR verpönt waren. Gibt es Gott? Oder ist Gott in uns drin? Und was bedeutet das für mein Leben? Hans macht Workshops in Meditation, besucht in Aachen ein Seminar für »Enlightenment«, eine Art indische Meditationstechnik, es ist aufregend, anregend, manchmal wird stundenlang einfach nur gelacht. Eine neue Welt tut sich auf.

Hans schafft, schafft, schafft. Nimmt eine feste Stelle an und drei Jobs nebenher, immer unter dem Druck: »Wirst du es hier packen? Wirst du deinen Kindern jede Klassenfahrt bezahlen können?« Selbst heute, wenn er davon erzählt, beugt er sich nach vorne, als drücke eine schwere Last auf seine Wirbelsäule.

Sabine leidet. Hans immer unter Erfolgsdruck. Die Kinder klein. Keine Großeltern, die mal eben einspringen könnten. Die Freunde weit weg in der DDR. Die neuen Nachbarn zwar furchtbar nett und hilfsbereit, ja, klar hat die hinzugezogene Familie aus der DDR einerseits – Glück. Aber komisch ist es doch, dass der Hausbesitzer ihnen 10 Mark in die Hand

Für Sabine bricht eine Welt zusammen. Untreue gibt's für sie nicht.

---

drückt, weil Hans geholfen hat, einen Kühlschrank runter-zutragen. 10 Mark? Hä? Hilft man sich hier nicht gegen-seitig, weil man sich helfen will? Es ist kalt in West-deutschland.

Und dann passiert ihm diese blöde Affäre, mit einer Kolle-gin, es ist weniger als das, eine Nacht nur. Aber für Sabine bricht eine Welt zusammen. Untreue gibt's für sie nicht, »das ist einfach nicht in meinem Kopf«. Eine treue Seele durch und durch. Das Urvertrauen ist weg. Sie ist total verzweifelt. Jetzt haben wir alles miteinander geschafft, jetzt haben wir alles in der DDR zurückgelassen. Und dann das! Soll sie sich trennen, alleine von vorne anfangen?

Das ist der wahre Grund, warum sie nach Indien geht. Es stimmt zwar, was sie den Kindern sagen: Mama ist krank. Aber Mama ist vor allem an der Seele krank. Auf den ersten Fotos, die sie nach der Ankunft in Indien macht, ist eine sehr ernste junge Frau zu sehen, dünne Arme im leichten Flatterkleid, die blonde Mähne mit einem Tuch nach hinten gebunden, das Gesicht nachdenklich. Auf der Stirn ein aufgeklebtes Bindi, ein drittes Auge, im hinduistischen Glauben Sitz des geheimen Wissens.

Warum gerade Indien? Für Sabine und Hans war Indien schon ein Sehnsuchtsort, als sie, hinter der Mauer, niemals ahnen konnten, dass sie dort eines Tages hin reisen könnten. Sie haben Bücher gelesen über Auroville, die »Stadt der Morgenröte«, 130 Kilometer südlich von Madras. Auroville klingt für die verzweifelte Sabine besser als eine AOK-Kur an der Ostsee. Das findet sogar Hans, der in einem Frankfurter Esoladen den Flyer einer Stuttgarter Reisegruppe findet, angeführt von einem Yogalehrer, die nach Auroville reist.

Auroville ist eine Art Utopia aus Friede und Völkerverständigung, 1968 gegründet von Jugendlichen aus 124 Nationen, die Erde aus ihren Heimatländern mitbrachten. Heute leben dort rund 2000 Menschen aus aller Welt in einem »Labor der menschlichen Einheit«, ohne jeglichen Besitz, unterstützt unter anderem von der UNESCO. Spirituelle Leiterin des Ashram ist die gebürtige Französin Mirra Alfassa, genannt »die Mutter«, sie ist die Lebensgefährtin jenes indischen Philosophen Sri Aurobindo, dessen Bücher Hans und Sabine gelesen haben.

Noch ein Labor? War nicht der Sozialismus ein Labor, viel zu lange abgeschottet von der wirklichen Welt? Und haben sie da nicht ebenfalls behauptet, es gehe um Friede und Völkerverständigung? Auroville ist das Gegenteil, sagt Sabine. Ohne Mauern. Ohne Polizei. Überhaupt ohne staatliche Autorität, es gibt noch nicht mal einen Bürgermeister. Und es ist für ihre gestresste Seele vor allem eines: eine Atempause nach Jahren von Flucht, Familie, Hamsterrad.

Ein Dschungel voller Ruhe und Farbenpracht, wo Mangobäume und Kokospalmen üppig wuchern neben Geranien, Anthurien. Wo die Araukarie, daheim im kalten Deutschland ein zartes Zimmerbäumlein, zu einer großen stolzen Weihnachtstanne wird. Und von den deutschen Aussteigern auch fleißig mit Goldkugeln behangen wird, es ist ja Advent.

Wird Sabine auch »aussteigen«, was wird sie finden dort am anderen Ende der Welt? Hans zu Hause hat da so seine Fantasien, und die sind auch nicht unberechtigt. Die Sinnsucher sind jung, befinden sich auf inneren und äußeren Reisen – nicht immer ist absehbar, wohin das führt. Zu welcher Religion, mitten in diesem Experimentierfeld aus Yoga, Mandalas und Malas. Und in welches Bett.

Eine Frau aus Sabines Reisegruppe verliebt sich in einen Familienvater, der bereits in Auroville lebt, eine zweite verknallt sich in den schönen Yogalehrer. Nur Sabine scheint praktisch immun gegen erotische Anfechtungen im Paradies. »Merkst du gar nicht, dass du angebaggert wirst?«, fragt eine Mitreisende. Doch, merkt sie schon. Aber sie schreibt schon am zweiten Tag in ihr Reisetagebuch: »Das Meer ist so warm, ich wünschte, Hans könnte hier mit mir baden.«

Zum zweiten Mal – wie vor der Ausreise in der DDR – fällt für Sabine eine ganz klare Entscheidung: »Ich gehöre zu Hans und den Kindern.« Und noch etwas wird ihr klar, mitten im Ashram: »Ich bin im Grunde meines Herzens eine Christin.« Wie, bitte, merkt man mitten in einer Reisegruppe esoterischer Sinnsucher vorwiegend schwäbischer Herkunft, dass man ausgerechnet evangelisch werden will? Sabine sucht jetzt, beim Erzählen im Taunus, ihre Taufkerze. Macht die

Tür ihrer Standuhr auf, wo statt der Kerze ein Satz Tarot-
karten herauspurzelt. Das alles gehört zu ihr, zu ihrer
Reise durchs Leben. Aber mit demselben bestimmten Ton, mit
dem sie sagt, »meine Kinder werden niemals in einer Armee
kämpfen«, sagt sie: »Für mich wurde dort am anderen Ende
der Welt sonnenklar, dass Jesus für uns gestorben ist.«
Buddhismus und Hinduismus findet sie immer noch sympa-
thisch, ein vergnügter kugelbäuchiger goldener Buddha
steht heute in ihrem Haus im Taunus neben den drei Putten
auf dem Fenstersims. Und auf dem Balkon mit dem weiten
Blick in die hessischen Hügel wehen bunte nepalesische
Wimpel. Sabine ist ein Typ für klare Ansagen. »Man muss
sich im Leben entscheiden.« Sie entscheidet sich für Hans,
für die Familie. Und sie entscheidet, sich nach der Rück-
kehr nach Deutschland evangelisch taufen zu lassen.
Frankfurter Flughafen, Februar 1995. Diesmal sind beide
aufgeregt. Wie er wohl aussieht? Einen Bart hat er sich
wachsen lassen, und er wirkt nervös. Er weiß, inzwischen
erfahren mit Selbsterfahrungsgruppen und indischer Philosophie, dass Menschen sich sehr verändern können bei solchen Reisen. Was sich wohl bei ihr getan hat, ob er innerlich hinterherkommt? Klar haben sie zwischendurch mal
voneinander gehört. Vom Münzfernsprecher im Ashram hat sie
angerufen, aber der stand unter freiem Himmel, eine lange
Schlange nach jedem Anrufer. Kein Ort für differenzierte
Beziehungsgespräche. Und einen Brief hat sie geschrieben,
aber der kommt erst Monate später an.
Ob sie sich verändert hat in Indien? »Ja, ich wusste jetzt
wirklich, wo ich hingehöre. Und ich passe besser auf.«
Achtsamkeit heißt das in der indischen Philosophie, nicht

gleich lospoltern, wenn Streit ist, das hat sie mitgenommen aus dem Friedenslabor am anderen Ende der Welt. Und es ist kein Zufall, dass sich dieser Gedanke auch in ihrem Taufspruch wiederfindet. »Wenn ich mit Menschen- und mit Engelzungen redete und hätte die Liebe nicht, so wäre ich ein tönendes Erz oder eine klingende Schelle«, heißt es im Hohelied der Liebe, und weiter: »Die Liebe ist langmütig und freundlich.« Langmütig und freundlich – oder, wie Buddhisten sagen: achtsam –, das ist eine lebenslange Aufgabe für zwei Menschen, die eher mal stur sein können. Die beide sehr genau wissen, was sie wollen. Die das wirklich lernen mussten, so sagt Hans: »Manchmal muss man durchatmen und – sich aushalten.«

Wenn man Hans heute fragt, was Glück für ihn bedeutet, dann sagt er: »Dass ich selbstbestimmt jeden Tag eine freie Entscheidung treffen kann. Das ist vielleicht die größte Liebeserklärung, die ein Mensch dem andern machen kann. Ich bin ein freier Mensch. Und ich entscheide mich für dich.«

Johanna & Benjamin

Schlaf, Kindchen, schlaf

Was ist eigentlich das Schlimmste, was einem passieren kann? Fast alle Menschen, die Kinder haben, sagen: wenn meinem Kind etwas zustoßen würde. Wenn mein Kind unters Auto kommt, wenn mein Kind an Krebs stirbt, wenn mein Kind ertrinkt.

Benjamin Ortlieb ist das passiert. Max, sein dreijähriger Sohn, ist beim Baden in einem See ertrunken. Und der Vater mag diesen Satz nicht, den er so oft gehört hat. Das Schlimmste, was man sich vorstellen kann. »Ja, es ist schlimm. Aber es wäre genauso schlimm gewesen, wenn meine Frau gestorben wäre.« Herzlos? Nein, die größte Liebeserklärung, die er Johanna machen kann. Und wahrscheinlich eine Erklärung dafür, warum dieses Paar etwas überstanden hat, an dem die meisten zerbrechen.

Dieses Paar, das soll hier zuerst erzählt werden, liebt sich sehr. Seit 20 Jahren sind sie »so eng wie mit niemandem sonst«, sagt er. Und: »Wir sind nur zusammen vollständig.« Wie die beiden großen, sommerlich gebräunten, gut aussehenden Menschen da in ihrem blühenden Garten zwischen Sonnenblumen und Klatschmohn sitzen, eine große Schüssel Erdbeeren auf dem Tisch, wie sie fröhlich lachen und die Sätze des anderen vervollständigen, strahlen sie vor allem eines aus: ein schönes Leben. Das wollen sie auch wieder haben, ein schönes Leben, trotz diesem Schlimmen, von dem noch zu erzählen sein wird, und wo sofort die Tränen fließen.

Aber zunächst: die Liebe! Ben kann sofort sagen, in was er sich verliebt hat seinerzeit, vor 20 Jahren. Johanna war gerade in seine Studenten-WG in Saarbrücken eingezogen, ihr damaliger Freund sollte beim Renovieren helfen, saß aber vor allem nörgelnd in der Ecke. »Wie sie diesen trotzigen Jungen einfach ignoriert hat, wie sie seelen-ruhig die Wände gestrichen und ihr Ding durchgezogen hat, dachte ich: Die kann auch mit vier Kindern umgehen.«

Vier Kinder wollte Ben immer haben, vier Kinder waren sie auch bei ihm zu Hause, vier Vorzeigekinder, die der Vater, Chefarzt von Beruf, gern zur Hausmusik versammelte. »Haus-musik haben wir gehasst«, erinnert sich Ben, aber die Liebe zur Musik, die blieb. Erst Kinderchor, dann Knabenchor, als BWL-Student schließlich singt er im renommierten Kammer-chor Saarbrücken. »Im Chor lernt man die nettesten Leute kennen«, ist Ben überzeugt. Und natürlich auch: Frauen. »Beim Fußball sind ja nur Männer.«

Musik bringt ihn auch mit Johanna zusammen, Musik verbindet die beiden, Musik wird auch später bei Max' Tod eine große Rolle spielen. Fast könnte man die Liebesgeschichte der beiden singen. Sie fängt an mit der h-Moll-Messe, sie findet ihren Höhepunkt mit dem Schlusschor aus der Johannes-passion. Und sie klingt im Sommer 2014 wie »'s marvelous«.

Die h-Moll-Messe. Johanna hätte sie gerne gehört an jenem Abend vor 20 Jahren in Saarbrücken, sie hat sogar Karten für den Auftritt des Kammerchors Saarbrücken, aber sie muss kellnern, ihre Finanzen aufbessern für das VWL-Studium. Was für ein Zufall, dass die Chorsänger nach dem Konzert in eben jener Kneipe ihr Bier trinken, dass sie bei Kellnerin Johanna Geldscheine wechseln, um noch schnell die Instrumentalisten auszubezahlen, dass Johanna beherzt das Wort erhebt, als sie hört, dass bei den Chorsängern das Thema »WG-Zimmer frei« diskutiert wird. »Also, wenn von euch keiner ein Zimmer sucht – ich wäre dabei!«

So ist sie. Weiß ziemlich genau, was sie will. Auch als Ben, rasch verliebt in die neue WG-Genossin, ihr einen umständlichen Heiratsantrag macht. Er geht es romantisch an, spricht von sieben Sternschnuppen, bei denen er sich sieben Mal dasselbe gewünscht habe, und fragt sie, was sie dazu sagen würde. Und sie sagt direkt: »Auf welche Frage hättest du denn gerne eine Antwort?«

Da macht er es noch mal direkt, sie sagt Ja und ist schon kurz darauf schwanger mit Max.

Es folgt eine Phase, die alle jungen Eltern kennen: das Aushandeln und Abwägen – wer arbeitet wie viel, wer kümmert sich wie viel ums Kind? Es ist vielleicht, im Rückblick betrachtet, die Rettung, dass die beiden so viel ringen und verhandeln. Beide haben ihr Wirtschaftsstudium geschafft, das Baby ist auf der Welt. Die Option, eine Stelle als wissenschaftliche Assistentin anzunehmen, zerschlägt sich mit dem Tod des Professors. Dann kommt ein Stellenangebot für Benjamin aus Halle, so attraktiv, dass sie beschließen, es anzunehmen. Nach Vertragsunterzeichnung dann das Angebot aus Bielefeld an Johanna. Benjamin in Halle an der Saale, Johanna in Bielefeld, das Kind bei wem? Alles geht nicht.

»Ich wollte nie alleinerziehend sein«, sagt Johanna, »ich wollte unbedingt eine richtige Familienkultur aufbauen, wie sollte das gehen an zwei Orten mit zwei Helden der Arbeit?«

Es wird verhandelt und geplant, über das richtige »Sequencing«, wie Ökonomin Johanna es professionell nennt, die richtige Ablaufplanung: Erst wird Johanna mit nach Halle ziehen, später wird sie ihre berufliche Chance kriegen. Eine Katastrophe wie Max' Unfall ist beim Sequencing nicht vorgesehen.

Sie treffen die Entscheidung für Halle gemeinsam, versprechen sich, dass sie sich keine Vorwürfe machen werden, wenn Johanna ihrer Jobchance in Bielefeld nachtrauert. Und trotzdem fällt sie im Osten in ein Loch. Keine Freunde, die anderen Mütter berufstätig. Ben im Stress in seinem ersten Job als kaufmännischer Leiter eines Radiosenders. Erst allmählich rappelt sie sich auf, findet Anschluss an Freunde, erhält verschiedene Forschungsaufträge, wird zum zweiten Mal schwanger. Die Tochter ist gerade ein Jahr, als es passiert.

6. Juni 1997, zwei Wochen vor Max' drittem Geburtstag, ein wunderbarer Sommertag, die Kleinfamilie geht baden mit zwei befreundeten Paaren, das eine mit siebenjähriger Tochter, die sich immer rührend um Max kümmert. Am frühen Abend wollen sie aufbrechen, sie wollen noch ins Sommerkino, also Badetaschen packen, umziehen, Luftmatratzen zusammenquetschen. Johanna nimmt Max die Schwimmflügel ab, packt den Picknickkorb, behält ihn im Auge, wie er sich hinter Baumstämmen versteckt und wieder vorlugt. Dreijährige sind wie Gummibälle. Such mich doch, du Eierloch. Immer wieder sieht sie ihn, dann ist er wieder hinter einem Baum. Und irgendwann sieht sie ihn nicht mehr. Rennt zu den Bäumen, findet ihn nicht, rennt weiter, guckt zurück zum See, da sieht sie eine Traube von Menschen am Strand. Und weiß sofort: Max.
Max ist tot. Einer der Freunde, mit dem sie am See waren, ist angehender Arzt. Er versucht den Kleinen zu reanimieren, vergeblich. Es dauert eine gefühlte Ewigkeit, bis endlich die Ambulanz kommt, ihn einpackt, ins nächste Krankenhaus mitnimmt. Die Eltern fahren hinterher, sitzen in einer

großen Wartehalle, im Rückblick ein unsagbarer Horror. Kein Seelsorger, keine mitfühlende Schwester, die beiden haben nur sich und nur einander auf dieser kalten Bank, bis irgendwann ein Arzt kommt und sagt: »Sie können jetzt noch einmal zu ihrem Sohn. Wir haben alles versucht, aber haben keine Chance mehr gehabt.«

Johanna singt Max sein Schlaflied. »Schlaf, Kindchen, schlaf.« Streichelt ihn. Fährt nach Hause, holt seinen Schlafanzug, sein Schlafkaninchen und das Sweat-Shirt, das sie ihm gerade genäht hat.

Was danach passiert, erzählt sie nur noch in der dritten Person. Man kocht nicht mehr. Man wäscht nicht mehr. Man schreibt kleine Zettel und vergisst doch alles. Man will eigentlich nicht weiterleben, gut, dass ein kleines Geschwisterkind da ist, »ein gutes Argument«.

Ben erzählt die Wochen danach ein bisschen anders. Den Horror teilt er, auch er kann heute nicht mehr sagen, wann die Großeltern kamen und ob sie wirklich in dem Jahr noch im Schwarzwald waren. Alles weg. Ein Jahr wie in Trance.

Aber Ben sagt auch, dass sie im Moment des größten Leids auch größte Glücksgefühle hatten. Als am Tag nach dem Unfall einfach alle kamen, es war ja Sommer, 15 Leute im Garten saßen, der eine baute Bierbänke auf, der andere kochte fünf Kilo Spargel, die dritte rührte Sauce hollandaise. Eine Freundin putzte sogar die Bude und machte die Waschmaschine voll. »Wie Schiwa sitzen bei den Juden«, ergänzt Ben, zusammensitzen und weinen und reden oder auch nicht reden müssen und weinen, aber nie alleine.

Von Glück spricht auch Johanna. Als zur Beerdigung der ganze Chor aus Saarbrücken kam, 30 Sängerinnen und Sänger.

Man kocht nicht mehr. Man wäscht nicht mehr.

Einen Bus hatten die gechartert, 560 Kilometer, sie sangen »Ruht wohl« im Trauergottesdienst und standen zur Seite, als die kleine Urne versenkt wurde, die Marlies, die Tochter der Keramikerin angemalt hatte, mit Elefanten, Vögeln und Regenbogen drauf. Ruhe wohl. Die Trauer war unermesslich. Die ersten Nächte grausam. Zum ersten Mal alleine im Ehebett, die ganze Nacht. Immer um zwei Uhr war Max gekommen, mit gemütlich dampfender warmer Windel. Gegen Morgen war er alleine in die Küche gegangen, auf einen Stuhl geklettert, hatte die Kabadose aus dem Schrank genommen und sich einen Kaba in die Schneckentasse gerührt. Und jetzt. Die erste Nacht ohne Max. Der erste Morgen ohne Schokopulver-Spur auf dem Küchentisch. Die Schneckentasse hat Johanna aufgehoben, in der »Max-Kiste«.

Johanna und Benjamin haben nicht viel aufgehoben. Keinen »Altar« aufgebaut mit Devotionalien, wie es in manchen Selbsthilfegruppen verwaister Eltern empfohlen wird. Das ist ihre Sache ohnehin nicht, sie wollen »keinen Seelenstriptease«.

In der Max-Kiste ist die Schneckentasse, seine Lieblings-
schuhe, Kondolenzkarten, ausgepustete Ostereier und eine
Kerze, die Johanna nach Max' Tod mit den anderen Kindern
aus dem Freundeskreis gebastelt hat – eine Inspiration von
der schön bemalten Urne. Wellen sind drauf, Sonne und ein
Kreuz, sie brennt an Max' Geburtstag und an Max' Todestag.
Und ein Bild erinnert an ihn, aber das wissen nur Ein-
geweihte. Eine Bleistiftzeichnung, graue Wellen wie ein
Meer, das sich teilt, und ein Sonnenstrahl, der aufsteigt.
Ein Freund hat es zur Beerdigung gemalt. Es hängt jetzt im
Wohnzimmer und bietet viele Deutungsebenen. Eine davon: Es
drückt die Hoffnung auf Auferstehung aus, die alle Chris-
tenmenschen eint, nicht nur verwaiste Eltern.
Tiefgläubig sind sie nicht, aber gut katholisch. Und sie
leben in der Zuversicht, »dass wir irgendwann wieder in derselben Sphäre sind«. Als sie neulich Max' Grab von Halle
nach Freiburg haben umbetten lassen, haben sie für sich selber eine Familiengrabstätte dazu gekauft. Damit die jüngste
Tochter Marie, jetzt sieben, auf dem Heimweg von der Schule
ihren Freundinnen schon mal sagen kann: »Komm, wir gehen
Max besuchen.« Und damit eines Tages alle zusammen sind.
Das wirkt jetzt, pardon, etwas seltsam. Sie sind 45 und 47
Jahre alt, sitzen kerngesund in ihrem blühenden Schwarz-
waldgarten – wer kauft denn in dem Alter schon ein Grab?
Und wer weiß heutzutage mit Mitte 40, ob er mit 80 noch mit
demselben Mann, derselben Frau zusammen alt wird und
stirbt? Die Frage finden sie seltsam. »Wir haben so viel
zusammen durchgestanden, wir können uns ein Leben ohne
einander nicht vorstellen. Wir haben Max' Tod zusammen
überlebt, was soll uns noch passieren?«

Aber sie sind kluge Leute, sie wissen: »Die meisten trennen sich in unserer Situation.« Das stimmt. Bis zu zwei Drittel – genaue Zahlen gibt es nicht – der Paare, die ein Kind verloren haben, stehen die Jahre danach nicht zusammen durch. Weil einer von beiden die Trauer völlig anders verarbeitet als der andere. Und vor allem: weil die Vorwürfe und Selbstvorwürfe so groß sind, dass es irgendwann leichter scheint, das Gesicht des anderen nicht mehr ertragen zu müssen. Denn es erinnert immer an Schuld und vermeintliche Schuld. Schuld ist ein großes Thema bei trauernden Eltern.

»Ihr habt nicht richtig aufgepasst!« – nur eine kleine Nichte hat sich getraut auszusprechen, was natürlich auch in dieser Trauerfamilie in der Luft lag. Warum habt ihr Max die Schwimmflügel abgenommen? Warum nur seid ihr zu den Bäumen gelaufen und nicht zum Wasser? Wasser! Das weiß doch jeder, dass Wasser die Gefahrenquelle Nummer eins ist für kleine Kinder. 32 Kinder sind alleine im Sommer 2013 in Deutschlands Badeseen und Swimmingpools ertrunken.

Natürlich kannte Johanna auch die Gefahr von Wasser für kleine Kinder, aber es gibt keine hundertprozentige Kontrolle. Johanna hörte erst jetzt von Geschichten im Freundeskreis, die bislang wie Familiengeheimnisse gehütet worden waren. Von Pflegeeltern, deren Kind im Planschbecken eines Nachbargarten ertrunken war, von Eltern, die in anderen Situationen nicht richtig »aufgepasst« hatten. Es scheint kaum ein größeres Tabu zu geben als »nicht richtig aufgepasst«.

Ben wird, ganz gegen seine sonst sonnige Art, richtig laut bei diesem Thema. »Vorwürfe sind völliger Schwachsinn!«, sagt er, und noch mal: »Schwachsinn!« Man könne nicht immer und jederzeit auf alles aufpassen! Ja, natürlich haben sie sich das tausendmal gefragt. Warum zum Wald? Warum nicht ans Wasser gelaufen, zur Gefahrenstelle? Aber es ist passiert. Man kann es nicht rückgängig machen.

»Schuld hat in diesem Haus nichts verloren«, sagt Ben, der Manager, und es klingt zunächst, als sei es eine Unternehmens-Philosophie, die er seinem Laden verordnet. Es ist tatsächlich so, dass in der Solarfirma, die er jetzt leitet, dasselbe Prinzip gilt: »Wenn einer meiner Techniker eine Schraube falsch anzieht und dadurch ein Gerät kaputt macht, dann geht das mit dem ganzen Team nach Hause. Und wir müssen es gemeinsam lösen.« Fehler seien immer ein Thema der Gesamtorganisation.

Echt? Keine Vorwürfe? Klingt fast zu schön, um wahr zu sein. Die Gesamtorganisation Ortlieb, das sind die Eheleute, Tochter Katharina (18), Sohn Jonas (14) und Tochter Marie (7). Wenn also einer aus der »Gesamtorganisation«, sagen wir Katharina, eine Schramme ins Auto fährt – ist sie dann nicht schuld? »Dann sagen wir hier nie: Warum hast du diesen blöden kleinen Parkplatz genommen? Sondern: Wer hat Zeit, das Auto in die Werkstatt zu bringen?«

Ganz sicher ist: Die beiden konnten das vorher schon gut. Gemeinsam Dinge entscheiden, gemeinsam Dinge verantworten. Hätte Johanna in den dunklen depressiven Tagen in Halle zu Benjamin gesagt: Nur wegen dir sitze ich hier? Wer weiß. Hätte Benjamin zu Johanna gesagt, warum hat Max keine Schwimmflügel an? Wer weiß.

Und? Sind sie jetzt ängstlicher geworden? Ja klar. Schwimmen wird nie wieder ein unbelastetes Thema sein. Wenn an heißen Tagen Besuch kommt und in einen kalten Schwarzwaldsee

»Vorwürfe sind völliger Schwachsinn!«

---

springen will, tun sich beide immer noch schwer damit. Einen Motorroller würden sie ihrem Sohn Jonas nie erlauben, »out of range«. Und als Jonas, ein schlaksiger blonder 14-Jähriger mit Earphones fröhlich vor sich hin summend den Rasen mäht, bemerkt Johanna: Der fährt gleich über das Stromkabel vom Rasenmäher! »Alles gut«, beruhigt Benjamin, »ich habs im Blick.« Immer schon war Johanna die »Bedenkenträgerin«, das ist durch den Unfall nicht besser geworden.

Aber Johanna ist keine ängstliche Mutter. Da kenne sie ganz andere, sagt die älteste Tochter Katharina. Mütter, die am helllichten Tag schon auf dem Handy anrufen, wenn man fünf Minuten zu spät kommt. Ihre Mutter Johanna hingegen habe sehr an ihren Ängsten gearbeitet. »Es gab immer Regeln, was Alkohol, Drogen, Sex anbelangt«, sagt die 18-jährige Tochter, »aber meine Eltern waren immer entspannt dabei. Dafür werde ich ihnen ein Leben lang dankbar sein.«

Das Paar hat, wie Benjamin es sich immer gewünscht hat, vier Kinder bekommen. Weil Kinder einfach toll sind. Sie haben ein gutes Leben, ein schönes Haus, das sie vor Jahren in einer Jobkrise fast verloren hätten, aber immer war da das Gefühl: »Hauptsache, wir haben uns.« Und sie haben nach Jahren der Trauer längst den Blick wieder geweitet für das Leiden von anderen. Johanna wollte schon als Mädchen »die Welt verbessern«. Sie sind keine Leute, die nur auf sich gucken. Johanna ist Musikmanagerin, sie organisiert für einen Kammerchor ein launiges Sommerkonzert mit Werken von Gershwin und Elgar. Es heißt: »'S wonderful, 's marvelous«. Es ist wieder wunderbar, das Leben.

Alexandra & Uwe

Krieg im Kopf

Ein Pappkarton steht im Wohnzimmer, zwischen gemütlichem Sofa und großem Fernseher. Mit Edding hat hier jemand ordentlich auf die Kiste geschrieben: »Party, Pappbecher«. Hier wohnen Menschen, die gerne feiern. Gefeiert haben. »Meinen Vierzigsten«, sagt Alexandra wehmütig, »den haben wir gerade gefeiert, aber ohne Gäste. Uwe erträgt keine Menschen mehr in geschlossenen Räumen.« Darum hat sie die Pappbecher in der Kiste verstaut. Und die Party ist erst mal vorüber.

Aber so kann man keine Ehe führen. Wenn man denkt, dass die guten Zeiten vorbei sind und nur noch schlechte Zeiten kommen. Ja, es stimmt, Uwe ist krank, schwer krank. Er hat ein Posttraumatisches Belastungssyndrom, er war als Soldat im Kosovo, in Afghanistan und nach dem Tsunami in Banda Aceh. Ja, er kann kein Grillfleisch mehr riechen, weil es ihn an verbrannte Leichen erinnert. Ja, er hat auf der A 61 versucht, sein Auto mit 250 Sachen gegen einen Brückenpfeiler zu rammen. Und neulich hat er zu Hause die Klotür eingetreten. Er kann den Tag nur mit Tavor überstehen, mit Trevilor und mit Valdoxan. Er ist ein kranker Mann. »Ein alter Mann«, seufzt Alex. Aber der Mann ist erst 42, das nannte man mal die besten Jahre: Er ist groß, volle Lippen wie Mick Jagger, Rapper-Bart, Ray-Ban-Brille und cooler grauer Hoody, auf dem man erst auf den zweiten Blick den Panzer erkennt und den Satz »Ich stehe hinter meinen Soldaten«. Der steht zu dem, was er tut, steht zu seinen Soldaten, zu seiner Krankheit – aber auch zu seiner Familie. Drei Mal haben sich Uwe und Alexandra Heiland schon getrennt. Drei Mal wieder zusammengefunden. Diese Party, sie ist noch nicht vorüber.

Sie fing an mit einer gigantischen Show. Rocky Horror Picture Show, 26. Februar 1996, Rosengarten Mannheim. Uwe hatte alles akribisch vorbereitet. »Ich wusste, so ein Heiratsantrag daheim auf dem Sofa, das ist nichts für die Alex.« Also hat er den Konzertveranstalter bequatscht, der hat die Bildzeitung informiert – großer Auftritt vor 3000 Musicalgästen. »Touch me, touch me, touch me, touch me«, die Stimmung im Saal tobt ihrem Höhepunkt entgegen, da holt der schrille Frank N. Furter, die Hauptfigur aus dem Musical, den jungen Uwe Heiland auf die Bühne. »Alex, ich möchte mein Leben mit dir verbringen.« Hochzeitsmarsch, Beifall, Sekt in der Pause.

Uwe weiß nur noch, dass er vor lauter Scheinwerfern Alex im Zuschauerraum gar nicht gesehen hat. Und sie weiß nur noch, dass sie nicht auf die Bühne stürmen konnte, weil sie diese verdammt hohen Pumps anhatte, an denen Reis und nasses Klopapier klebte. Geheult hat sie, sie heult ganz schnell und ganz viel, very emotional.

Alex hat Ja gesagt. Sie wollte ihn, das wusste sie von Anfang an. Er ist groß und stark, er kümmert sich. Er kommt aus einer anständigen Familie, das ist wichtig in Maudach, einem Stadtteil von Ludwigshafen am Rhein, einer bodenständigen Gegend, auch Altbundeskanzler Helmut Kohl kommt von hier. Ist er katholisch?, fragen ihre Eltern als Erstes, und sie akzeptieren den Schwiegersohn, auch wenn sie ihn ein bisschen überheblich finden. Weiß alles besser, beim Trivial-Pursuit-Spielen platzt er immer gleich mit der Antwort heraus, während sie noch überlegen muss. Aber Alex mag das. »Ich kann mich ganz schwer entscheiden, der Uwe tut mir gut«, sagt sie. »Ein Kopp und ein Arsch«, sagt Uwe.

Angelegt ist diese Ehe auf eher traditionelle Rollen-verteilung. Der Mann als Haupternährer, die Frau als Zuver-dienerin. Der Mann, der vorangeht, die Frau, die ihm folgt. Niemand kann ahnen, dass es Alex sein wird, die den Laden weitgehend alleine wuppen muss. Und dass sie ihm nicht überall hin folgen wird. Ein Krieg kommt dazwischen, ein zweiter, eine Naturkatastrophe – und damit ein Erdbeben, das alles zum Erschüttern bringt. Auch wenn das Epizentrum in Südostasien liegt. Die Druckwelle reicht bis Ludwigs-hafen, heute ist im Hause Heiland nichts mehr wie es schien. Der Name »Heiland« steht, aus farbig angemaltem Salzteig gebacken, an der Tür des Einfamilienhäuschens in Maudach. Heiland wie der Gottessohn. Ob er oft darauf angesprochen wird? »Klar«, sagt Uwe, »Highlander«. Highlander, der Kino-Actionheld, gespielt von Christopher Lambert, »who will battle to the last«, so der Epilog des Fantasyfilms. Der unsterbliche Highlander, der kämpft bis zuletzt – auch ein Programm.

Uwe Heiland ist ein Kämpfer. Aber unsterblich, nein, das ist er leider gar nicht. Er ist schwer verwundet.

Bei der Bundeswehr zieht es ihn sofort zu den Sanitätern. Die Medizin, das hat ihn immer interessiert, je chirur-gischer, desto interessanter. Und die Medizin verbindet ihn auch mit Alex, die Physiotherapeutin ist. Uwe ver-pflichtet sich als Sanitätssoldat, erst vier, dann acht, dann zwölf Jahre, man kriegt dann mehr Geld, auch viel mehr Geld als in einem zivilen Krankenhaus. Schließlich ist Nachwuchs unterwegs.

Findet Alex die Entscheidung richtig, dass er sich fest an die Bundeswehr bindet? »Ja, aber von Ausland war nie die

Er ist ein Kämpfer. Aber unsterblich ist er leider nicht. Er ist schwer verwundet.

Rede.« Bis heute gibt es Streit, wenn die beiden erzählen sollen, warum Uwe sich für den Balkan gemeldet hat. Mai 2001, Kosovo. »Klar wollte ich das, jeder will das«, sagt er noch heute. »Ich bin Soldat, und dann bin ich das mit allen Rechten und Pflichten.« Und sie wirft ihm bis heute vor: »Du hättest mit mir reden sollen.« Sie hatte gerade das zweite Kind bekommen, Zoe. Das erste läuft schreiend aus dem Zimmer, wenn der Papa am Telefon ist. Das zweite sieht er nur zehn Tage in diesem Jahr. Sie fühlt sich alleingelassen, im Stich gelassen.

Zwischendurch kommt er auf Heimaturlaub, und wenn er von diesen Wochen erzählt, klingt es ganz schön. »Ich bin in

Köln-Bonn gelandet, dann sind wir gleich in den Urlaub geflogen. Und da hat Zoe am Strand laufen gelernt.« Ha! Da muss Alex aber lachen. »Laufen gelernt! Mit sieben Monaten?« Sie hat diese Heimaturlaube anders in Erinnerung. Dass er zickig war, fahrig, »als ob er in seiner eigenen Welt wäre«. Das erlebt sie noch ganz oft, wenn er aus dem Ausland zurückkommt. Verändert, abwesend. Manchmal denkt sie, es liegt an ihr. Er liebt mich nicht! Die Ehe ist schlecht! Irgendwann sagt sie sich: »O. k., der Uwe hat wieder seine Regel.«

Heute, über zehn Jahre und über fünf Einsätze später, sagt sie das nicht mehr. Es ist nicht seine »Regel«, es ist eine handfeste Krankheit. Uwe Heiland hat ein Posttraumatisches Belastungssyndrom, eine Krankheit, die schätzungsweise 1400 deutsche Soldaten haben, die aus Auslandseinsätzen zurückkehren. Bei manchen ist es ein einzelnes Erlebnis, das dieses Trauma auslöst. Bei Uwe sind es viele. Oder, wie er selber sagt, es war irgendwann dieses eine Erlebnis zu viel. Eine Leiche zu viel. Wer weiß schon vorher, wo seine Belastungsgrenze ist? Uwe ist nur Heiland, nicht unverletzbarer Highlander.

Da ist der beste Freund, der im Kosovo Rücken an Rücken mit ihm im Kantinenzelt sitzt. Uwe hatte Frühdienst im Sanitätszelt, setzt sich gerade zum Frühstückskaffee hin, da hört er hinter sich einen Schuss. Und einen zweiten Schuss. Der Freund hat sich zwei Kugeln durch den Kopf gejagt, weil ihn 24 Stunden vorher die Freundin verlassen hat. Per SMS verlassen, das passiert ziemlich oft bei Auslandseinsätzen. Uwe muss den toten Freund versorgen, er ist ja Sanitäter. Er kann seither auch in seinem Wohnzimmer in Ludwigshafen nicht mehr mit dem Rücken zu anderen Menschen sitzen.

Da ist der Einsatz nach dem Tsunami, wo sie unvorstellbare Mengen von Leichen, von Armen, Unterschenkeln und Blinddärmen in großen Gruben verbuddeln. Vielleicht waren es einfach zu viele.

Und da ist vor allem »mein 11. September« in Kabul. Nicht der 11. September 2001, der Anschlag aufs World Trade Center – das ist zwar indirekt auch der Schicksalstag für Uwe Heiland, denn ohne diesen Anschlag hätte es den Afghanistaneinsatz wohl nie gegeben. Aber »mein 11. September« ist der im Jahr 2003. Uwe hat einen anstrengenden Tag im Operationszelt hinter sich, er steigt um 23 Uhr gerade die Leiter in sein Stockbett hoch, als eine ungeheure Druckwelle mit einem Schlag alle zu Boden fegt. Uwe findet sich unter dem Heizkörper wieder, sein Kamerad schreit: »Schnell, ab in die Uniform, Helm auf, in den Bunker.« Uwe schafft es noch, Alex in Maudach anzurufen, »egal was du gleich in der Tagesschau siehst, ich bin am Leben«. Wenn Uwe das heute, im Jahr 2014, erzählt, muss Alex sofort heulen. Sie hatte Angst, Angst, Angst.

Und auch die Männer im Bunker hatten damals Angst. Was heißt schon Bunker! In einem Blechcontainer, der nach oben nur mit Sandsäcken abgeschottet ist, hocken in dieser Nacht 60 Männer wie in einer Ölsardinenbüchse. Verschwitzt, in Todesangst. Die einen fangen an zu schluchzen. Die anderen fangen an, sich zu verabschieden. Sie befürchten, dass jeden Moment die Taliban den Container mit Handgranaten stürmen. »Ich hatte innerlich abgeschlossen«, sagt Uwe, »wir alle dachten, wir kommen da nicht mehr lebendig raus.« Am Morgen ist der Spuk vorbei, es war »nur« ein Luftangriff der Taliban, die zwei Raketen aus alten Autobatterien ge-

♥ 43

bastelt und über dem Lager abgeschossen hatten. Zwei Tage bleiben die deutschen Soldaten zusammen, reden, dann geht jeder wieder seinem Dienst nach. Ob es daran liegt, dass es Uwe heute nicht mehr in geschlossenen Räumen aushält? Wer weiß das schon.

Und Alex? Sie fühlt sich in diesen Jahren einerseits alleingelassen – ist aber auch stolz auf ihren Soldaten. Einerseits ist es großer Mist, dass sie alles alleine machen muss. Jeden Zettel für die Klassenfahrt alleine ausfüllen, zu jedem runden Geburtstag alleine mit den Kindern fahren. Und als sie einen Bänderriss hat, macht ihr niemand einen Verband – dabei ist sie doch mit dem tollen Sanitäter verheiratet. Aber der ist weit weg.

Aber andererseits – er ist wirklich ein toller Sanitäter. Und er ist damit auch ein attraktiver Mann für sie. Bei allem Grauen erzählt er auch Abenteuergeschichten, bei denen sie an seinen Lippen hängt. Wie die Bundeswehrärzte einem afghanischen Kind, das auf einer Tretmine gespielt hatte, das Bein amputiert haben. Wie er in Kundus Babys auf die Welt gebracht hat. Und wie sie jener Frau, deren Mann sie verbrennen wollte, durch unzählige Hauttransplantationen das Leben gerettet haben.

Alex kennt alle Geschichten. Alex: »Erzähl das mit den Parasiten auf der Leber« – das war ein medizinisch exotischer Fall eines Kindes im deutschen Feldlazarett. Alex: »Und der Waran!« Ja, in Banda Aceh, nach dem Tsunami, hat Uwe nicht nur tote Menschen begraben. Sondern Tiere gerettet, die durch das Beben verstört in einem Straßengraben lagen. Einen vereinsamten Waran, eine exotische Riesenechse, hat er zusammen mit einer deutschen Tierärztin in seinem Jeep zurück in den Urwald gefahren. In diesem Moment ist Uwe für Alex kein verwundeter Soldat. Kein alter Mann. Sondern ein bisschen wie der Dschungeldoktor aus Daktari.

Nach Uwes letztem Einsatz trennen sich Uwe und Alex. »Er hat kaum mehr gesprochen, war innerlich ganz weit weg«, erinnert sie sich, »und wenn ich was gesagt habe, wurde er aggressiv. So Sätze wie: Du bist nicht meine Mutter!« Irgendwie versöhnen sie sich wieder. Und im selben Jahr, 2007, wird Uwe krank. Er assistiert bei einer Operation im Bundeswehr-Krankenhaus in Koblenz, ein Kind, blond wie sein eigenes, liegt auf dem OP-Tisch, die Haut abgeschält wie ein Verband. Plötzlich sind diese Bilder wieder da aus Afghanistan. Er kippt um und bleibt über eine Stunde bewusstlos. Neurologen kümmern sich um ihn, Psychiater, aber schließlich ist es ein katholischer Militärseelsorger, der ihm sagt: Uwe, mit dir stimmt was nicht. Du hast ein Posttraumatisches Belastungssyndrom.

Im Januar 2010 kommt er in die psychiatrische Abteilung des Bundeswehrkrankenhauses in Koblenz, dort wird er anderthalb Jahre bleiben. Psychiatrie. »Kloppi-Station«. Mit Trommeltherapie und Weidenkörbe flechten! »Ohne mich!«, höhnt er. Mit dem Punchingball boxen. »Den Ball mussten die vier Mal austauschen, so oft war der Matsch!« Ohne Anerkennung der Krankenkasse. »Da bin ich bei der AOK erst mal durch die Decke!« Immer diese Sätze. Dann bin ich dem Oberarzt an die Gurgel. Dann habe ich die Tür eingetreten.

Klar ist Uwe noch der Kämpfer. Aber statt Tarnfleck jetzt im Jogginganzug auf einer weiß angestrichenen nagelneuen Psychiatrie-Abteilung. Anderthalb Jahre wird er stationär behandelt, entlassen mit der Gewissheit: Heilbar ist die

Krankheit nicht, nur beherrschbar. Alex ist jetzt mit einem kranken Mann verheiratet. Sie macht ein Zusatzstudium, damit sie mehr Geld verdient und die Familie unterhalten kann. Das ist anstrengend, aber es gibt ihr auch eine neue Rolle: Sie ist die Familienernährerin.

So wiederholt sich die Geschichte, die Deutschland nach zwei Weltkriegen erlebt hat: Frauen, die selbstbewusst wurden, während die Männer an der Front sind. Familien, die sich schwer damit tun, wenn die Männer wieder zurückkommen. Viele Familien werden dieses Jahr, wenn Hunderte von Kämpfern aus Afghanistan zurückkommen, damit zu tun haben.

So auch Familie Heiland. Uwe bekommt zwar nach seiner Entlassung einen Job bei der Bundeswehr, er betreut Familien, deren Angehörige im Auslandseinsatz sind. Aber sein Standort, Speyer, soll bald geschlossen werden, und er würde gerne einen Job im entfernten Husum annehmen. Direkt am Meer, sein Traum. Zum ersten Mal in ihrem Eheleben sagt Alex: »Nein, ich gehe nicht mit.« Die Schwiegereltern fallen »fast tot um«, erinnert sich Alex. Du hast ihn doch geheiratet! Du wolltest doch mit ihm gehen, bis ans Ende der Welt! Nein, sagt Alex, Uwe ist kein sicherer Halt. Ich brauche meine Arbeit, meine Freunde, mein sicheres Zuhause in Maudach. Wer weiß, wann er wieder zusammenklappt! Und dann würde sie ja keinen kennen da oben an der Nordsee – nein, sie will in ihrer gewohnten Umgebung bleiben.

Wieder gibt es eine Ehekrise, aus der sie gestärkt hervorgehen. Zwar weint Alex jetzt wieder Rotz und Wasser, als sie davon erzählt. Aber sie glaubt fest daran: »Ich habe gemerkt, dass ich auch ohne Uwe zurechtkomme. Das gibt mir die Stärke, immer wieder auf ihn zuzugehen.«

Und das ist richtige Arbeit. Uwe ist inzwischen ein Profi in seinem Krankheitsbild. Er hat über eine Facebook-Gruppe viele andere Kranke kennengelernt. »Wir haben nur noch Freunde mit PTBS«, sagt er, »alle anderen sind weg.« Sie findet das furchtbar. »Nein, einen Freund haben wir noch hier in der Siedlung, der ist gesund«, sagt sie. »Nein«, sagt Uwe, »das habe ich dir noch gar nicht erzählt, der hat auch schon einen Termin beim Psychiater.«

Für Alex ist das schwierig. Klar, sie ist seine Frau, und sie ist schon von Berufs wegen eine Kümmerin. Sie hat Verständnis für die Krankheit. Aber sie will auch leben! Als er sie bittet, zu einem Trauma-Wochenende mitzufahren, sagt sie, mit ihrem neuen Selbstbewusstsein: »Nein! Was soll ich mir die anderen Krankengeschichten auch noch anhören? Wir waren schon dreimal getrennt, die anderen Paare noch keinmal, was interessiert mich deren Ehe?«

Lieber würde sie an ihrer eigenen Ehe arbeiten, »das ist eine Sache der Prioritäten«. Sie ist ja erst 41. Sie will sich zum Beispiel nicht damit abfinden, dass es keinen Sex mehr geben soll, nur weil die Psychopillen auf die Potenz schlagen. Es gibt da auch andere Spielarten, die beiden sind ja nicht doof. Alex leidet. Sie fühlt sich nicht begehrt, sie hat 20 Kilo zugenommen. So geht das nicht weiter. Sie hat sich jetzt für eine Adipositas-Kur angemeldet.

Februar 2014, Uwe soll einen Vortrag über PTBS halten in der Graf-von-Sponeck-Kaserne in Germersheim. Wird Alex wohl mitkommen? Anruf zwei Tage vor dem Termin von Uwes Handy. »Hallo, ich bin grade auf der Intensivstation.« Der Blutdruck war plötzlich auf 250, Herzrhythmus-Störung, jetzt haben sie ihm einen Stent eingesetzt. Ein Routineeingriff, eigentlich, aber nicht bei Menschen, die in weiß gekachelten OP-Sälen plötzlich Flashbacks erleiden. »Die mussten mich die Nacht vorher wegschießen, aber jetzt geht's schon wieder.« Na klar hält er übermorgen den Vortrag, er ist ein Soldat.

60 Eltern und Ehegatten sind an diesem verregneten Samstag ins »Pfalzkino« der Kaserne gekommen, Holzstühle, Tee in Metallkannen, könnte auch ein evangelisches Gemeindehaus sein. Es ist trostlos im Februar auf dem Bundeswehrgelände. Hauptattraktion ist ein Römerschiff, die Soldaten haben es in mühsamer Arbeit rekonstruiert. Ein bisschen kann man es verstehen, wenn Soldaten hier auch mal raus wollen. Banda Aceh klingt irgendwie spannender.

Hauptfeldwebel Heiland, in blauem Bundeswehrpulli, Soldatenmütze und der gelben Solidaritätsschleife der Bundeswehr, wird angekündigt wie ein Veteran. Fünf Einsätze! Schwere Krankheit! Uwe, wir sind stolz auf dich!

Uwe ist aufgeregt, hat Angst sich zu verhaspeln, vor einem Jahr hätte er sich das noch nicht zugetraut, vor einem vollen Saal zu referieren. Bevor er seine Powerpoint-Präsentation startet, sucht er die Sitzreihen ab, keine Alex da. Nur Saphira, sein Therapiehund, sitzt brav neben dem Beamer. Ohne Saphira, das erklärt er in seinem Vortrag, wäre er vielleicht schon nicht mehr da. Saphira hilft ihm, seine Aggressionen zu beherrschen. Wenn er verschleierte Menschen sieht zum Beispiel, dann sieht er rot. Seine Psychologin hat lange mit ihm geübt. Türkischer Supermarkt – geht inzwischen. Dönerbude – geht gar nicht. »Ich bin kein Rassist«, sagt er, »aber ich kann mich schwer beherrschen.« Er hat in Kundus zusehen müssen, wie die Taliban eine Frau

Zwischen Geburtsdatum, Dienstgrad und Dauer der Einsätze steht: »verheiratet mit einer echt fantastischen Frau«.

---

gesteinigt haben. Zu Tode gesteinigt. Er durfte nicht eingreifen, er konnte die Frau nicht retten. Das sind die Bilder, die ihm hochkommen, wenn er heute in Mannheim oder Ludwigshafen Menschen arabischen Aussehens trifft. Zufällig sind das Städte, in denen bis zu 40 Prozent der Menschen einen Migrationshintergrund haben, die größte Gruppe sind Türken, hier steht auch die größte Moschee Deutschlands. Man möchte nicht Muslim sein, wenn demnächst viele Uwe Heilands mit solchen Bildern im Kopf zurück-kommen.

Uwe hat Hündin Saphira, um von seinen Aggressionen »runter-zukommen«. Der Leonberger sorgt dafür, »dass im Zweifels-fall nicht ich die Straße wechsle, sondern die anderen«.

Uwe hat auch ein gelbes Gummiband am Arm – an dem zieht er, lässt es schmerzhaft zurückschnellen, wenn die Bilder, die Aggressionen überhand nehmen. Ein Trick aus der Therapie, einen Sinnesreiz durch einen anderen überlagern.

Und Uwe hat Alex, das hat er schon in die zweite Powerpoint-Folie reingeschrieben. Zwischen Geburtsdatum, Dienstgrad und Dauer der Einsätze steht da: »verheiratet mit einer echt fantastischen Frau«.

40 Minuten später, nach Fotos von ausgebrannten Bussen, bärtigen Kämpfern und Psychopillen-Packungen, geht im Pfalzkino die Tür auf und die echt fantastische Ehefrau kommt doch noch. Obwohl sie schwer erkältet ist, die Kinder noch zum Sport fahren musste – sie weiß, wie wichtig es ihm ist. Direkt nach seinem Vortrag kommt Uwe in die letzte Reihe und küsst Alex. »Komm, ich stell dir unsere Yogalehrerin vor.« Die macht Yoga nur mit Traumasoldaten. Ob die Ehefrau mal mitkommen will? »Nein, ich hätte lieber einen Kurs nur für Uwe und mich, was Körperliches.« Genau. In die Traumagruppe soll er mal alleine gehen. Eine Frage von Prioritäten.

Uwe und Alex sind an diesem Februarsamstag die Stars in der Sponeck-Kaserne, umringt von Familien, denen ganz schön bange ist, in welchem Zustand ihre Söhne, Schwiegertöchter und Ehemänner demnächst aus dem Ausland zurückkommen werden. Es war schlimm, was Hauptfeldwebel Heiland da erzählt hat, PTBS Typ 1 und 2, er hat Typ 2, die schlimme Form, klar. Aber immerhin, er steht hier, seine Frau hält zu ihm, und die beiden vermitteln den Eindruck: Zusammen halten wir das durch! Im Vortrag hat Uwe von einer Klassenkameradin erzählt, die seiner Tochter bei der Kommunion an den Kopf warf: »Dein Vater ist ein Mörder!« Empörung in der Kaserne. Aber Familie Heiland kann mit solchen Anwürfen umgehen. »Wenn der Feind von außen kommt, halten wir eh zusammen«, sagt Uwe. Und Alex erinnert sich: Als Zoes Lehrerin erzählte, dass auch ihr Mann nach Afghanistan eingezogen werde, ging die 13-jährige Zoe tapfer zu ihr und sagte:

»Frau Müller, da kommt jetzt eine schwere Zeit auf Sie zu!«
Tolle Kinder. Die natürlich stolz auf ihren Vater sind. Wenn
er sie abholt an der Schule, dann bitte in Tarnuniform. »Ist
schon cool.« Die alles wissen über seine Krankheit – »wir
kennen ihn ja nicht anders«. Und die jetzt – mit 13 und 15 –
auch schon groß genug sind, um mal abends alleine zu
bleiben.

Dann könnten die Eltern ganz theoretisch auch mal wieder
Party machen. Ob das wieder kommt? Uwe sagt nein, Alex
sagt, so kann sie nicht leben. Aber immerhin hat Uwe ihr
jetzt Karten geschenkt für ein Konzert von Beth Ditto. Die
hat Kleidergröße XXL, sie ist richtig dick. Und richtig
sexy. Nein, diese Party ist noch nicht zu Ende.

Lili & Christian

Ich glaube an dich

Es gibt diese Frühwarnzeichen. Wenn Lili den Freunden per SMS absagt. Wenn in der Küche die schmutzigen Teller liegen bleiben und im Schlafzimmer die Wäsche. Wenn Lilis Geburtstag naht und sie auf keinen Fall feiern will, weil sich ja die andern dann Zeit für sie nehmen und Geschenke besorgen müssten. Für sie, nur für sie? Das ist sie doch gar nicht wert. Wenn sich solche Dinge häufen, weiß Christian: »Es wird wieder kritisch.« Ganz ruhig, ohne in Panik zu verfallen, ruft er dann die Freunde an und sagt: »Klar kommt ihr heute abend. Das war doch ausgemacht.« Es ist wichtig, sagt Christian, dass man Dinge auch durchzieht. Es ist wichtig, dass einer die Übersicht behält, wenn die andere gerade wieder den Boden unter den Füßen verliert.

Lili (24) hat eine »rezidivierende Depression«. Das heißt: eine Depression, die immer wiederkommt. Christian (28) hat gelernt damit umzugehen. Hat aber auch gelernt, wo seine eigenen Grenzen sind. Als Lili sich zum ersten Mal mit dem Taschenmesser selbst verletzt hat, als Christian diese seltsame Wunde an ihrem Oberschenkel entdeckte, wusste er: »Ich bin überfordert, da müssen Profis ran.« Das war vor zwei Jahren, da hat er sofort gehandelt, hat sie ins Auto verfrachtet und ist mit ihr ins Krankenhaus gefahren. »Ich denke so oft, oh Gott, wie schlimm muss das für Christian gewesen sein!«, sagt sie heute, und immer wieder: »80 Prozent der Männer wären längst weg!«

Wenn Lili am Küchentisch in ihrer verwinkelten Duisburger Altbauwohnung sitzt, eine schöne Frau mit brauner Löwenmähne, die sprudelnd erzählt, zärtlich ihre Katzen Neo und Nala krault und Händchen hält mit Christian – dann möchte man sie am liebsten schütteln, wenn sie solche Sätze sagt.

»Wie der das mit mir aushält!« oder: »Ich wundere mich, dass Christian bei mir bleibt.« Mädel, der liebt dich! Das sieht man doch! Jetzt rede es doch bitte nicht herbei, dass er dich verlässt.

Christian sagt dann nur: »Gleich weinst du wieder.« Und: »Ich liebe dich, weil du eine tolle Frau bist.« Das sagt er ihr nicht nur mit Worten, sondern auch mit Bildern. Christian ist Fotograf. Und er fotografiert sie immer, auch wenn sie depressiv unter der weißen Federdecke liegt und nicht aufstehen mag. »Mir hilft das unheimlich«, sagt er, »das Fotografieren ist meine Therapie.« Das Fotografieren ist das zentrale Thema der beiden. Christian zeigt Lili mit seinen Fotos: Du bist schön! Du bist wertvoll! Auch wenn du grade total durchhängst. Und Lili sagt Christian mit jedem Fotografiertwerden: Du bist ein großer Fotograf, du wirst eines Tages davon leben können, ich glaube an dich.

Und damit ist man mittendrin in dieser Liebesgeschichte.

Für Christian war der Fotografenberuf ganz und gar nicht vorgesehen. Christian Huhn wird 1986 als einziger Sohn mit zwei Schwestern in einen mittelständischen Betrieb in Oberhessen hineingeboren. Der Rosenhof, eine Landschaftsgärtnerei mit 60 Leuten. Vater Huhn ist ein tüchtiger, pflichtbewusster Mann, der jeden Morgen um halb 6 im Betrieb steht, auch sonntags, auch feiertags, die fürsorgliche Mutter an seiner Seite. Immer ist klar, und daran gibt es gar keinen Zweifel: Christian wird diesen Betrieb übernehmen. Alle Kinder werden später mit ihren Partnern auf den Rosenhof ziehen. So war es immer auf diesem Hof und so wird es weiter sein.

Wenn man heute, im Jahr 2014, diesem jungen Mann gegenüber-sitzt, kann man sich schwer vorstellen, wie aus ihm ausge-rechnet ein Gärtner hätte werden sollen. Und ein Boss. Muss man da nicht groß und kräftig sein, laut und sonnengegerbt? Christian ist ein schlanker, feingliedriger junger Mann, seine Haut ist blass, er spricht leise, durchdachte Sätze, seine Haare fallen tief ins Gesicht. Fotograf passt schon ganz gut, er würde auch als Computerspiel-Entwickler durchgehen oder als Poet. Aber Gärtner? Chef über 60 Leute? Es ist schwer für den Sohn, aus dem vorbestimmten Leben auszubrechen. Unglücklich ist er schon, als er nach dem Abitur seine Gärtnerlehre macht. 115 Kilo bringt er auf die Waage, er findet sich dick und unattraktiv, mit Mädchen läuft sowieso nichts.

Die Wende bringt ein Auslandsjahr in Neuseeland, wo er als Landschaftsgärtner jobbt. Dort lebt er auf. Er landet bei einer Gastfamilie von Rennradfahrern, er treibt bei 40 Grad Sport, ernährt sich gesund, er genießt die Sonne, er nimmt 45 Kilo ab, er fühlt sich großartig. Und er entdeckt das Fotografieren. Vor dem Abflug hat er sich eine Kamera gekauft, jetzt streift er manchmal stundenlang durch die Landschaft und macht Fotos. Dann zurück nach Deutschland, Einstieg in den elterlichen Betrieb. Es ist grau, es ist kalt, Christian hasst diesen Winter. Und er fängt an, seine vorbestimmte Zukunft im elterlichen Betrieb zu hassen. Nächtelang vergräbt er sich vor seinem Computer, spielt »World of Warcraft« und trinkt zu viel billigen Whisky.

In dieser Zeit lernt er die Studentin Lili kennen, auf einer Party von Freunden. Sie studiert Psychologie in Heidelberg, er wohnt bei seinen Eltern in Hessen, manchmal

»Stimmt, du bist wahnsinnig anstrengend.
Aber auch wahnsinnig aufregend.«

chatten sie die ganze Nacht am Computer. Sie ist seine erste Freundin. Und sie wird sein »Nordstern«, sagt er. Sie ist die erste, die ihm Mut macht: Du musst dieses vorbestimmte Leben nicht akzeptieren. Du machst gute Fotos. Du kannst auch Fotograf werden. Lebe deinen Traum. Ich glaube an dich!

Lili ist zu jener Zeit die Stärkere von den beiden. Zwar ist ihr familiärer Hintergrund das krasse Gegenteil von Christians heiler Familie. Eltern geschieden, Mutter arbeitslos, Stiefvater krankhaft eifersüchtig. Aber Lili, halb Ungarin, halb Deutsche, hat im Gegensatz zum behüteten Christian in ihrem jungen Leben schon viele Umzüge und

Neuanfänge gemeistert. Sie war in zwei verschiedenen Kindergärten, in Ungarn und in Deutschland, in zwei Grundschulen, in einem Internat in einer ungarischen Kleinstadt, bei einer Au-pair-Familie in Frankreich. Sie ist eine Nomadin. Und sie sagt Christian: Du darfst weggehen. Lili glaubt von Anfang an, dass Christian großes Talent als Fotograf hat. Noch sind seine Fotos, wie er selber sagt, »grottenschlecht«. Aber er ist glücklich, wenn er mit der Kamera losziehen kann, und er fängt an, Lili zu fotografieren. Lilis Mutter, ambitionierte Hobbyfotografin, hilft Christian, Bewerbungsmappen zusammenzustellen für eine Fotografenlehre. Das darf keiner wissen auf dem Rosenhof, natürlich nicht, Christian ist ja der Firmenerbe. Mittlerweile ist auch Lili mitsamt ihren Katzen auf dem Hof eingezogen, noch denkt der Firmenpatriarch sicher: Genau so wird alles gut. Christian wird der Chef, seine künftige Frau zieht hier ein, es wird Kinder und Katzen geben und es wird immer so weitergehen. Er kann ja nicht ahnen, dass Lili zwar die heimelige Großfamilie liebt, wo es immer nach Essen duftet und Christians Mutter alle umsorgt. Aber eine Zukunft in der Landwirtschaft kann sie sich beim besten Willen nicht vorstellen. Und sie sieht ja, wie unglücklich ihr Freund ist.

Deshalb die heimlichen Bewerbungen. Sieben Fotografen melden sich, zwei Vorstellungsgespräche, eines klappt: Er kann sofort anfangen bei einem Studio in Duisburg, das auf Unternehmensfotografie spezialisiert ist. Lili und Christian verlassen den Rosenhof, ziehen nach Duisburg und Christian geht jeden Morgen zu seiner neuen Lehrstelle ins Fotostudio. Der Chef ist »wie ein Vater«, geht auch mal ein

Bier trinken mit dem Azubi, ermutigt ihn, sich bei Wettbewerben und Zeitschriften zu bewerben, und Christian hat ganz schnell Erfolg. Gewinnt einen »Foto-Oscar«, wird für einen evangelischen Medienkunstpreis nominiert.

Und der echte Vater? Der Gärtner? Für den ist Christians Ausbruch ein Schock. Totale Enttäuschung. Der Sohn wird niemals die Gärtnerei übernehmen. Es wird niemals die Großfamilie zusammen auf dem Hof wohnen. Er streicht erst mal das Geld, die Mutter steckt ihm hinten rum ein paar Scheine zu. Der Anfang in Duisburg ist hart. Christian hat nur sein Lehrlingsgehalt und die Notgroschen der Mutter. Von Lilis Mutter können sie keine Unterstützung erwarten. Lilis Mutter kämpft, nach einer Trennung und einer Krebsdiagnose, selber mit dem täglichen Leben, zieht sogar nach Ostdeutschland, weil man dort billiger über die Runden kommt. Der Lebenspartner der Mutter fängt im Alter von 70 Jahren noch mal an auf dem Bau zu arbeiten, weil die Rente nicht zum Leben reicht. Geld ist so knapp, sie können der Tochter nichts geben. Die ersten Monate in Duisburg lebt das junge Paar wie die armen Künstler bei Spitzweg. Dreimal am Tag belegte Brote. Kino? »Nein, von 12 Euro können wir sieben Tage lang essen.« Sie sind arm, aber verliebt.

Die dunklen Wolken ziehen auf, als Christian gerade so halbwegs angekommen ist in seinem neuen Leben. Er wusste immer, dass Lili Phasen hat, in denen sie sich unter der Decke verkriecht – das kennt er auch von sich selber, vor allem im Winter. Aber als das mit dem Taschenmesser passiert, ist zum ersten Mal klar: Sie braucht professionelle Hilfe.

Denn Lili schleppt eine Menge mit sich herum. Schon ihr Start ins Leben ist denkbar schlecht, ihr leiblicher Vater, ein ungarischer Arzt, fordert bis in den sechsten Schwangerschaftsmonat hinein die Abtreibung. Die Stiefväter, die folgen, sind ebenfalls problematisch, Lilis Mutter hat Pech mit Männern. Der eine lässt eine Waschmaschine auf sie fallen, der zweite ist krankhaft eifersüchtig. Und Lilis Mutter ist ein Messi. Überall Kisten, alte Zeitungsstapel, nie kann Lili als Kind Freundinnen nach Hause einladen. Kein Platz. Und total peinlich. Lili hat eine wirklich schwere Kindheit, und in der Pubertät hat sie ihre erste echte Depression. Sie wird in der Schule gemobbt, in ihrem Nachnamen kommen die drei Buchstaben »Pig« vor, daraus entstehen »wahnsinnig witzige« Wortschweinereien. Kinder können grausam sein. Lili futtert sich einen Panzer an, wechselt die Schule, sie hat viel mitgemacht in ihrem jungen Leben.

Viel Stoff für die Ärzte und Therapeuten in der psychiatrischen Klinik, in die Christian seine Freundin im Oktober 2012 bringt. Es ist gut, dass er die Notbremse gezogen hat, denn die Wochen zuvor hatte sie sich mit Albträumen im Bett verkrochen und sich schließlich mit dem Messer verletzt.

In der Klinik in Essen, in der sie drei Monate stationär bleiben muss, gelten strenge Regeln – einmal ritzen, gelbe Karte, zweimal ritzen, Entlassung. Seitdem ist Lili in Behandlung, hat eine Therapeutin, arbeitet an ihren Problemen. Mit dem Messer hat sie sich seitdem nie wieder verletzt, aber es gibt Hochs und Tiefs. So wie neulich, als sie in einem unkontrollierten Wutanfall ihr Smartphone auf dem Boden zertrümmerte. Wieder mal ging es um Christians Vater, den Gärtner. Der bat den Sohn, eine Veranstaltung bei der

Du musst dieses vorbestimmte Leben nicht akzeptieren.

Gärtnerei zu fotografieren, den »Tag der offenen Gartenpforte«. Und Lili hatte sich so auf ein Pärchenwochenende in Ruhe gefreut. Klassischer Beziehungskonflikt, kommt in den besten Familien vor. Aber bei Lili bricht dann alles durch: Ich bin weniger wert! Ich bin nicht so wichtig! Voller Wut wirft sie Christian wüste Beschimpfungen an den Kopf, trampelt auf ihr Handy und heult anschließend stundenlang. Dabei haben sie wirklich keine 100 Euro übrig, um es reparieren zu lassen. 100 Euro! Und wie reagierte er? Völlig ruhig. Er sammelte die Scherben auf. Und suchte ein Uralt-Handy aus der Schublade, jetzt muss sie halt mit dem telefonieren.

Ist das nicht wahnsinnig anstrengend, dieses Leben mit einer Depression? Christian drückt ihr einen Kuss auf die Wange. »Stimmt, du bist wahnsinnig anstrengend. Aber auch wahnsinnig aufregend.« Er weiß, was er ihr verdankt. »Ohne dich«, sagt er, »wäre ich heute Gärtner in Schlüchtern und würde vermutlich 120 Kilo wiegen.« »Und ich wäre ohne dich vielleicht schon tot«, sagt sie. Das findet er übertrieben.

Sie drücken es so aus: »Wir holen beide das Beste aus dem andern hervor.«

Seine Klarheit, seine Disziplin – das hilft ihr sehr. »Lili braucht Struktur.« Er war mit ihr nicht nur beim Arzt, sondern auch bei der Berufsberatung. Das Psychologiestudium, das ihr vor Klausuren so viele Ängste und schlaflose Nächte bereitet hat – das ist nicht gut für sie. Jetzt haben sie besprochen: Sie soll eine Ausbildung zur Kauffrau machen, mit festen Arbeitszeiten, klaren Aufgaben. Sie wurde zu drei Bewerbungsgesprächen und Assessment-Centern eingeladen, bei zwei Kaufhäusern und bei einer Bank. Drei Zusagen. Jetzt fängt sie eine Lehre bei der Bank an. Was für ein Erfolg! Das muss doch gut sein fürs Selbstwertgefühl! »Ja«, strahlt sie, »aber nur weil ich als Beste abgeschnitten habe. Sonst würde ich mich echt hassen.« Keine Frage, die Therapeutin hat immer noch was zu tun – aber die Richtung stimmt.

Auch bei Christian geht es nur bergauf im Moment. Er hat seine Gesellenprüfung als Jahrgangsbester bestanden und will jetzt Fotografie studieren. An drei Unis hat er sich beworben. Jetzt fängt er an der renommierten Folkwang-Schule an zu studieren, erste Adresse für künftige Fotografen. Lili ist stolz auf ihn. Und gleichzeitig voller Angst: Wird er an der Uni viel tollere Frauen treffen als sie? Wird er sie verlassen?

Sie ist stolz, weil sie die Erste war, die an sein Talent glaubte. Und sie hat ihn total unterstützt während der vielen Prüfungen. Ihn nach Strich und Faden verwöhnt. Ihm kleine Überraschungseier in die Tasche geschmuggelt, seine vergessene Speicherkarte hinterhergetragen und zu Hause sein Lieblingsessen vorbereitet und diesen speziellen Whisky – fürs Feiern nach den Aufnahmeprüfungen.

Da sie neuerdings in einer Weinhandlung jobbt und ein paar Euro verdient, bis die Lehre anfängt, hat sie auch ein bisschen mehr Geld. Und hat ihm – als alle seine Prüfungen geschafft waren – die »Collectors Edition« eines Computerspiels geschenkt, für die man sich bei Amazon schon ganz früh bewerben musste. »Dark Souls 2«.

»In dieser Welt müssen Spieler um ihr Überleben kämpfen«, beschreibt Amazon das Spiel, und einen Moment lang fragt man sich: Ob dunkle Seelen das Richtige sind für die beiden, die selber so oft in den seelischen Abgrund blicken? Dass Lili ihrem Freund dieses Spiel geschenkt hat, ist eben auch so ein Liebesding. Lili spielt selber nicht am Computer. Und manchmal findet sie, dass Christian zu lange vor der Kiste sitzt. Aber das gehört zu Christian, und sie will ihn so akzeptieren, wie er ist, sie hat gelernt, darauf nicht eifersüchtig zu sein. Wenn er stundenlang am PC sitzt, heißt das eben nicht, dass die »Dark Souls« interessanter sind als Lilis Seele. Dann will Christian einfach nur spielen.

Auch Christian hat gelernt, Dinge bei Lili zu akzeptieren, die er zwar nicht richtig findet. Die aber zu ihr gehören. Christian, selber in der Landwirtschaft groß geworden, mag zwar Lilis Katzen, er hat sie damals vom Rosenhof mit in die Duisburger Wohnung geschleppt. Er zuckt noch nicht mal zusammen, wenn sie sagt: »Ich liebe Tiere mehr als Menschen.« Aber als sie neulich vom Urlaub in Ungarn anrief und ankündigte, sie werde noch eine Straßenkatze retten und mitbringen – war er dagegen. Zu spät, sie hatte sie schon eingesammelt. Jetzt ist Neo da – und Christian sagt, natürlich nur im Spaß, »Neo ist ein Arschloch«. Süß ist er ja doch.

Alle zusammen, Katzen und Katzeneltern, ziehen nun von Duisburg nach Essen. Und irgendwann werden sie in eine Stadt ziehen, in der die Sonne öfter scheint als im Ruhrgebiet. Aber jetzt haben sie schon vier Winter zusammen durchgestanden. »Solange wir zusammen sind«, sagt er, »wächst und entwickelt sich alles irgendwie.«

Alles wächst. Was für eine schöne Liebeserklärung. Da kommt doch noch etwas durch vom Gärtnern und Düngen. Die Gärtnerei in Hessen übernimmt jetzt die Schwester. Und der Vater? Wirklich abgefunden hat er sich nicht damit, dass der Sohn ausgebrochen ist. Aber es ist viel passiert im letzten Jahr. Die Mutter ist völlig überraschend gestorben. Und der verlorene Sohn hat sich zum Einserabschluss hochgekämpft. Christian ist Jahrgangsbester geworden an der Berufsschule. »Also hast du doch meine Gene«, hat der Vater neulich gesagt. Und, ja, er wird kommen zur Lossprechungsfeier bei der Handwerkskammer, wenn sein Sohn eine Urkunde überreicht bekommt als bester Fotografengeselle 2014. Er wird seinen feinsten Anzug anziehen, seine Schwiegertochter Lili wird neben ihm sitzen, und es wird ein schönes Fest werden. Sie haben alle ganz schön was geschafft im letzten Jahr. Auch in dieser Welt – und nicht nur in der Computerspielewelt – müssen alle Spieler um ihr Überleben kämpfen. Und gerade haben sie ein paar Schlachten ziemlich gut geschlagen. Es gibt was zu feiern.

Familie Trautwein

Er warf sich vor einen Güterzug

Der 18. März 2012 ist ein wolkenverhangener Tag. Der vierte Sonntag in der Passionszeit, Deutschland wählt heute einen neuen Bundespräsidenten, und in Frankfurt-Bockenheim strömt die Gemeinde in die Jakobskirche, um ihren Pfarrer zu verabschieden, Reinhold Truß-Trautwein, er geht nach Berlin. So ist es in der Gemeindezeitung angekündigt. Doch als die Glocken aufhören zu läuten, steht vorn am Altar nicht der Pfarrer, sondern der Kirchenvorsteher und trägt mit fester Stimme einen Brief vor, mit Kugelschreiber notiert. »Meine geliebte Gemeinde«, liest er vor, »ich hatte mir diesen Tag ganz anders vorgestellt. Schwer in Worte zu fassen, was ich da getan habe. Beziehungsweise, was da mit mir passiert ist.«

Der Verfasser des Briefes liegt an diesem Sonntag drei Kilometer entfernt in der Frankfurter Unfallklinik. Das linke Bein amputiert, der rechte Vorfuß amputiert. Reinhold Truß-Trautwein ist 16 Tage zuvor vor einen Güterzug gesprungen, er hat versucht, sich das Leben zu nehmen. Hat er es getan? Ist es ihm passiert? Aus der Frage von Schuld und Schicksal kommt man nicht raus, sagt er heute. Und dass Menschen so etwas passieren kann. Ein Seelenunfall. Darum müsse man reden.

Reden, in Worte fassen, das können Protestanten, und diese beiden können es besonders gut. Reinhold Truß-Trautwein, 55, von dem ein Kollege sagt, er verkörpere für ihn den idealen Pfarrer: freie Rede, freundlich, witzig, zugewandt. Ulrike Trautwein, 54, Predigerin in der Kaiser-Wilhelm-Gedächtniskirche und im Berliner Dom, bei Kirchentagen und dem Christopher Street Day. Neu seien die Bilder zu den Worten, sagt Reinhold heute, gut ein Jahr nach dem

Suizidversuch. »Lobe den Herren, der sichtbar dein Leben gesegnet«, dieses »sichtbar«, das sieht er jetzt wörtlich. »Lest we forget«, singt Sting, »how fragile we are ...« Nein, das Zerbrechliche, das vergesse man nie wieder, wenn man einmal mit zertrümmertem Körper unter einem Zug gelegen hat. Lest we forget.

Worte bringen Struktur, und Struktur ist wichtig, jetzt, wo die Familie sich neu zusammenfinden muss. Mann, Frau und Tochter sitzen an einem heißen Sommertag in ihrem schönen Pfarrhaus in Berlin, Reinhold hat als Einziger einen Zettel mitgebracht. Drei Sätze hat er notiert. 1. Es hätte schlimmer kommen können. 2. Dass ich das noch erleben darf. 3. Hauptsache, wir lieben uns.

Es hätte schlimmer kommen können. Schlimmer? Nach allem, was passiert ist? Klingt ein bisschen nach Monty Python. Und das muss vorab gesagt werden, dass in dieser Familie, die jetzt mit einem Behinderten lebt, mit zwei Hightech-Prothesen und Wunden an Leib und Seelen, dass hier sehr viel gelacht wird. War immer so, sagt Reinhold, schon als Kind habe bei ihm die große religiöse Geste gerne in schallendem Gelächter geendet. Als er acht Jahre alt war, spielte er Gottesdienst mit Cousin und Cousine. Pfarrer Reinhold oben auf der Speichertreppe, die Cousinengemeinde am unteren Ende. »Und just in dem Moment, als ich die beiden segnen wollte, bin ich die Treppe runter gegen einen Schrank geknallt«, lacht Reinhold.

»Spring in dein neues Leben«, heißen gern Artikel über die Lust auf Veränderung, in einer Zeit, in der sich der flexible Mensch andauernd neu erfinden soll. Reinhold springt nicht gern. Er kommt aus einer bodenständigen Familie,

Großvater Bauer und Tischler in einem nordhessischen Dorf, Vater Verwaltungsbeamter in Kassel. »Ich hasse Veränderungen.« Als er zum Studium nach Münster umziehen soll, hat er starke Zweifel, Kopfweh, Angst. »Heute gucke ich jeden Münster-›Tatort‹, aber damals habe ich ein Jahr gebraucht, bis ich richtig ankam.« Er kennt das von sich: Der Kopf entscheidet, der Bauch kommt erst langsam nach.

Ganz anders seine Frau Ulrike. Sie ist in einem linksliberalen, weltoffenen Bildungsbürgerhaus aufgewachsen. Ihr Vater Dieter Trautwein hat große Lieder des Kirchengesangbuchs gedichtet, »Weil Gott in tiefster Nacht erschienen«. Ihre Mutter war glühende Kämpferin gegen die Apartheid in Südafrika. Ulrike liebt den Trubel, hüpft leichten Fußes in jedes Abenteuer hinein. »Hinfallen, aufstehen, Krönchen richten, weitergehen«, steht auf einer Karte an ihrem Küchentisch. Sie ist die Macherin, er der Bedenkenträger. Sie ist die Außenministerin, er der Innenminister. Hat immer funktioniert in dieser Ehe, 27 Jahre lang. Sie fährt vor, zum Kirchentag nach Dresden, zum Schlussgottesdienst vor 120 000 Menschen, er fährt mit ihrem Gepäck und ihrem Talar im Auto hinterher. Sie sind ein tolles Paar.

Und sie sind sich, im Frühjahr 2011, im Prinzip einig: Wenn Tochter Nele nächstes Frühjahr aus dem Haus geht, steht eine Veränderung an. Sie sind dann 13 Jahre in der Bockenheimer Gemeinde, jetzt muss was Neues kommen. Als der Bischof aus Berlin anruft, Ulrike solle sich zur Wahl der Generalsuperintendentin stellen, sagt auch Reinhold: »Da sagt man nicht Nein.« Generalsuperintendentin kommt gleich nach Bischof: Chefin über zwölf Kirchenkreise, Regionalbischöfin über 700000 Christen, nein, »man« sagt da nicht Nein.

An den Tag der Wahl erinnern sich alle drei genau.

Ulrike: Es gab fünf Wahlgänge, hochdramatisch. Ich glaubte schon nicht mehr dran. Und dann wählen die mich! Toll! Ich war wie benommen. Fröhlich. Total aufgekratzt. Und meine Freundinnen haben nachher die CD eingelegt: »Frauen in die erste Reihe«.
Nele: Ich fand es gut. Wenn umziehen, dann doch bitte nach Berlin!
Reinhold: Ich hab mich total gefreut. Aber gleichzeitig der Gedanke: Schock, jetzt gehen wir also wirklich. Ein super zweiter Platz wäre auch okay gewesen. Dann hätten wir das alles besser timen können.

Reinhold ist Perfektionist. Perfekt wäre gewesen: Nele macht Abi, dann ziehen alle um. Jetzt ist es so: Mama zieht schon mal um, Papa bleibt, bis Nele das Abitur in der Tasche hat. Klingt vernünftig, zumal auch Reinhold ganz schnell eine attraktive Stelle in Berlin bekommt. Er wird nicht etwa »der Mann von« sein in der Hauptstadt, sondern: Beauftragter der Kirche für den Deutschlandfunk.
Jetzt könnte doch alles gut sein. Reinhold und Ulrike Trautwein legen im Oktober noch einen fulminanten Fernsehgottesdienst hin, alles ist super, super, super. Man fährt ein letztes Mal zusammen in die Herbstferien, Eiderstedt an der Nordsee, wo es allen immer gutging.

Reinhold: Plötzlich fing ich an zu schwächeln. Noch vier Wochen bis zu Ulis Umzug. Das Ding begann mir wegzurutschen. Krieg ich das hin in Berlin? Kann ich das? Unser Leben war doch bislang eine Erfolgsgeschichte, ich müsste doch jetzt richtig glücklich sein. Und dann wurde Uli an einem Urlaubstag so richtig sauer.

Ulrike: Ich sagte so was wie: Mach dir nicht ins Hemd. Alle fallen mal auf die Schnauze, wir sind doch alle nur kleine Kasper. Jetzt reiß dich mal zusammen, die kochen da auch nur mit Wasser.

Zusammenreißen, na ja. Im November wird Tochter Nele vom Freund verlassen und trauert sehr. Am 1. Dezember zieht Ulrike erst mal allein nach Berlin in ein Apartment. Zum ersten Mal in all den Jahren ist das Paar wirklich getrennt. Still ist es jetzt im Frankfurter Pfarrhaus. Sonst duftete es im Advent immer nach Kerzen, »Snow on the Piano« erklang, norwegische Klaviermusik und das Weihnachtsoratorium von Saint-Saëns, die Fenster waren mit Lichterketten und Strohsternen geschmückt. »Ich war halt nicht da«, sagt Ulrike. »Und ich hab's nicht geschafft«, sagt er, »da stand ein mickriger Adventskranz, und es hingen zwei Sterne im Fenster.« Extreme Stimmungsschwankungen. »Noch nicht mal Adventsatmosphäre kriege ich hin. Und was koche ich bloß heute Mittag?« Totale Selbstzweifel. Einerseits. Andererseits: »Ich habe die Gemeinde allein durch den Advent begleitet, ich habe richtig gut gepredigt.« Immer wieder redet er sich selber gut zu. War es in seinem Leben nicht immer so, dass er einfach Zeit braucht, bis seine Seele nachkommt?

Die Tochter, vorerst mit ihrem eigenen Liebeskummer und dem Stress fürs Abitur beschäftigt, spürt erst im düsteren Januar, dass der Vater verändert ist. »Ich bin nach der Schule

»Das macht man nicht. Du sollst nicht töten. Das kann man anderen nicht antun.«

oft schnell von der U-Bahn nach Hause gerannt, weil ich so ein Bild vor Augen hatte: Mein Vater hat sich erhängt. Aber dann dachte ich wieder: Du spinnst. Der doch nicht.«

Der doch nicht. Diesen Satz werden sie später so oft hören. Reinhold hat auch zum Thema Suizid seine drei Sätze, und sie klingen ein bisschen zwanghaft: »Das macht man nicht. Du sollst nicht töten. Das kann man anderen nicht antun.« Aber es gibt auch einen vierten Satz: »Da kann man nichts gegen machen.« Er meint: Wenn einer springen will, kann man ihn nicht aufhalten, keiner hat Schuld. Genau darüber redet die Familie, als der Vater eines ehemaligen Konfirmanden im Februar auf die Gleise springt. Dass es nach einem Suizid keine Vorwürfe geben darf, gegen niemanden. Auf einem Spaziergang sprechen sie darüber, wie schrecklich es für die Familie des Jungen sein muss.

14 Tage später springt auch Reinhold Truß-Trautwein vor einen Zug. Es ist der 2. März 2012. Die Tage davor gibt es Stress in der Gemeinde, er arbeitet an der Belastungsgrenze. Und es gelingt ihm einfach nicht, den privaten Keller auszuräumen. Neles alter Ranzen aus der Grundschulzeit. Wirklich schon vorbei, das Familienleben? Alte Fotoalben mit Urlaubsbildern. Das Kasperletheater, die Kaninchenhütte. Es war ein tolles Leben, solche Gedanken verdüstern sein Gemüt, es kann jetzt nur bergab gehen. Wenn ich zum Therapeuten gehe, dann gibt es eine endlose Quälerei. Ohne mich wird es den anderen besser gehen.

Heute nennt er diesen Gedanken »wahnhaft«. Der Satz »Suizid ist die beste Lösung für alle« stand wie in einer Reihe neben den ganz normalen Alltagsüberlegungen: Soll ich Sushi kaufen fürs Mittagessen? Oder schnell irgendwas kochen? Wenn ich tot bin, wird es den anderen besser gehen. Da steigen Frau und Tochter jetzt noch die Tränen in die Augen. Wie konnte er das nur denken.

Wie ging es ihnen wirklich an diesem 2. März?

Ulrike: Reinhold rief mich Donnerstagabend an und sagte, er könne nicht mehr, manchmal denke er, er wolle nicht mehr leben. Ich wollte sofort losfahren, ein Blick auf die Uhr, der ICE um 19:37 Uhr war schon weg. Wir telefonierten lange und trafen ein paar feste Verabredungen. Ich fuhr am nächsten Morgen ganz früh zum Berliner Hauptbahnhof. Da saß ich weinend am Bahnsteig, weil ich so eine Angst hatte. Als ich ihn anrief, sagte er, ich solle mal nicht so übertreiben. In Frankfurt holte er mich nicht wie sonst ab, komisch. Das Pfarrhaus ganz still. Als es dann klingelte und zwei Polizisten vor der Tür standen, wusste ich, diesen Film habe ich tausendmal gesehen. Aber ich wollte nie darin mitspielen.

Nele: Ich bekam in der Schule eine SMS von meiner Mutter: »Bin in Frankfurt.« Ich habe mich total gefreut, aber ich hörte schon vor der Tür, dass ihre Stimme anders war als sonst. Sie sagte sofort: Der Papa hat sich vor den Zug geworfen. Aber er lebt. Ich bin durchs Haus gerannt und total ausgerastet. Ich habe immer nur geschrien: Das verzeih ich ihm nie! Jetzt ist alles vorbei!

Dass ich das noch erleben darf: »Person lebt.« Das ist das Erste, was Reinhold Truß-Trautwein hört, als Sanitäter zum Gleis kommen. Für ihn klingt es wie die Osterbotschaft. Jesus lebt. Da ist eine unbändige Freude in ihm, dass er wirklich überlebt hat, »so ein wahnsinniges Vitalitätsding, komplett euphorisch«. Er bittet die Sanitäter, dem Lokführer auszurichten, wie leid es ihm tue, er wisse doch, wie schlimm das für den sei. Und im Übrigen sei noch dunkle Wäsche in der Waschmaschine. Dann wird er ohnmächtig.

Später sagen ihm Sanitäter, dass die meisten gescheiterten Selbstmörder sauer sind, dass sie gerettet wurden. So war es bei ihm keine Minute. Reinhold, eher der Typ schnodderiger Humor als der Typ Pathos, sagt jetzt ganz sachlich: »Es war wie eine zweite Geburt. Ich wollte in den Tod springen und bin in ein neues Leben gesprungen. Ich wusste noch am Gleis: Es hat dich komplett zerlegt. Aber du wirst überleben.«

Erst jetzt ist offenbar der Körper wieder komplett auf Leben programmiert. Der erste Apfel im Krankenhaus, er kostet ihn, als habe er lange nichts geschmeckt. Durch die Brille, die in den letzten Wochen nicht richtig eingeschliffen schien, sieht er endlich wieder scharf. Und Nele sagt schon beim ersten Besuch: »Jetzt bist du wieder der Alte.«

Und das Leben der andern? Ulrike funktioniert. Hinfallen, aufstehen, Krönchen richten, weitergehen. Nimmt die Wäsche aus der Maschine, die sie tatsächlich vorher nie bedient hat. Sagt dem Schwager Bescheid, dem Kirchenvorstand, den Vorgesetzten in Frankfurt und in Berlin. Bewirtet die vielen Freunde, die am Abend des 2. März im Pfarrhaus ein- und ausgehen. Alle wollen trösten, rätseln, man weiß ja nicht genau, was passiert ist. Es ist fast wie Schiwa sitzen bei einer jüdischen Trauerfeier. Und es hilft. Ulrike bestellt Pizza für alle, rennt in den Keller und wieder rauf, holt Bier und Wasser.

Nele wütet. Da muss nur einer sagen, vielleicht war es ja ein Unfall – wehe dem. »Seid ihr doof? Glaubt ihr, mein Vater hätte mal eben beim Spaziergang eine Abkürzung über die Gleise genommen? Der ist vor den Zug gesprungen!« Nele findet es bis heute schlimm, dass Suizid immer noch so ein Schweigethema in der Gesellschaft ist. »Wenn mein Vater einen Herzinfarkt gehabt hätte, wäre das von allen als normale Krankheit akzeptiert worden!«

Im Krankenhaus hatte sie sich mit dem diensthabenden Arzt ein lautes Wortgefecht geliefert, bis der sie sogar mit einer Spritze sedierte. Es geht jetzt, angesichts von Leben und Tod, ein bisschen durcheinander. Wer ist hier wirklich

»Wenn mein Vater einen Herzinfarkt gehabt hätte, wäre das von allen als normale Krankheit akzeptiert worden!«

---

verletzt, wer gefährdet, wer ist wütend auf wen? Ausnahmezustand. Die Sinne sind bis aufs Äußerste geschärft.

Ulrike: Ich sehe diese Krankenschwester vor mir, die einen großen bunten Federschmuck am Ohr hatte. Und ich dachte: Mach diesen Ohrring ab, ich ertrage das nicht. Und mir fiel ein, dass meine Ausbilderin immer gesagt hatte, auch wir Pfarrerinnen sollten keinen großen auffälligen Schmuck tragen. Eine Uniform, Berufskleidung, ja, das ist das Beste in dieser Situation.

Hauptsache, wir lieben uns. Und dann endlich. Einen Tag später. Mutter und Tochter dürfen auf die Intensivstation. Und da sitzt Reinhold im Bett und sagt: »Es ist so absurd. Aber ich bin so glücklich, dass ich überlebt habe.«
Nele kippt um. Vor Erleichterung, sagt sie heute. »Ich habe sofort gesehen: Es wird jetzt wieder gut werden. Wenn er gestorben wäre, wäre ich mein Lebtag sauer auf ihn gewesen. Von dem Moment an, als ich ihn sah, wusste ich: Der wollte

uns nichts antun.« Als Nele wieder Farbe ins Gesicht bekommt, singen sie alle drei am Krankenbett: »Wer nur den lieben Gott lässt walten.« In dem Choral, den Johann Sebastian Bach vertont hat, heißt es am Ende: »Gott ist der rechte Wundermann, / der bald erhöhn, bald stürzen kann.«

Wo war Gott an jenem 2. März? Warum hat das Beten nicht geholfen? Und, wie später eine katholische Mitpatientin zielsicher fragt: »Dürft ihr Protestanten eigentlich alles, sogar euch umbringen?«

Reinhold hat viel darüber nachgedacht. »Gott hat mich nicht vor dem Unglück bewahrt, aber im Unglück bewahrt.« Dass es jetzt, heute, ein Wiedersehen mit seinen Liebsten gibt, ein Wiedersehen in diesem Leben, nicht im Jenseits – das nennt er eine Gotteserfahrung.

Es klingt wirklich nach einem heiligen Moment in diesem unwirtlichen Krankenzimmer, wo draußen Martinshörner dröhnen und die Rotorblätter des Hubschraubers. Wie sie da mittendrin sitzen und zu dritt singen: »Was hilft es, dass wir alle Morgen / beseufzen unser Ungemach? / Wir machen unser Kreuz und Leid / nur größer durch die Traurigkeit.«

Ulrike: Dieser Moment hat mich ganz stark geprägt, und der trägt mich bis heute. Diese Freude, ihn wiederzuhaben, dieses Frohsein zu leben.

Und doch mahnt Reinhold, der Vernünftige, seine Liebsten sogleich an das »Ungemach«, das kommen wird. »Lasst uns diesen Moment festhalten. Ich stehe jetzt auch unter Medikamenten. Es wird noch mal schwierig werden.«

Und so ist es. Die Zeit, die jetzt kommt, ist hart, hart vor allem für Frau und Tochter. »Wie egoistisch! Was hat er euch da angetan?«, ist der Unterton in den Trostbekundungen mancher Freunde, und oft klingt es wie: »Was hat er uns da angetan?« Eine Gemeinde, die verstört ist. Freundinnen, die es schwer aushalten, dass die »Frau in der ersten Reihe« jetzt erst mal mit einem schwer kranken Mann geschlagen ist.

Wie aus Trotz macht Nele ein 1,2-Abitur. 15 Punkte in Reli. Das genaue Thema weiß sie nicht mehr, »was mit Nächstenliebe und so«. Aber ihre Argumente kann sie noch genau hersagen. Dass wir in unserer Leistungsgesellschaft auch mal nach links und rechts gucken sollen. Mehr auf unsere Mitmenschen achten. Und dass es bei aller Jagd nach Erfolgen eben auch andere Seiten in uns gibt, dunkle.

Die lernt jetzt auch Ulrike Trautwein kennen. Nein, wütend war sie nie, sagt sie, keinen Moment. Sie sei einfach so froh und dankbar gewesen, dass es gut ausgegangen ist. Aber ihre Kräfte waren irgendwann dahin. Als alles abgewickelt war, Nele ihr Abitur hatte, der Umzug nach Berlin geschafft war, Reinhold in der Reha, da spürte sie die große Erschöpfung und Leere. Sie war wieder in Berlin, im neuen Haus, in dem wochenlang nichts klappen wollte mit Internet- und TV-Anschluss, und plötzlich konnte sie nicht mehr. Zum ersten Mal habe sie gespürt, wie es Reinhold gegangen sein muss. »Wie es ist, wenn du es einfach nicht mehr in der Hand hast.« Sie sucht und findet therapeutische Unterstützung. Langsam steht sie wieder auf, Krönchen richten, weitergehen.

Heute sagen sie alle drei, es gehe ihnen gut. Richtig gut. Reinhold kann, nach einem Jahr mit vier Monaten in Kliniken und vielen Mühen, mit seinen Prothesen selbstständig aufstehen und laufen. Ulrike macht mit Freude ihren Job und predigt quer durch Berlin. Nele will Architektur studieren. Auch dieses ganze letzte Jahr wird sie in ihr Leben einbauen, nein, um die Tochter müssen sich die Eltern keine Sorgen machen. Eher sorgt sie sich um die Eltern. Als Nele nach dem Abitur wie geplant nach Israel fährt, müssen die Eltern regelmäßig Lageberichte per WhatsApp abliefern. Alles klar bei euch in Berlin? Geht es euch wirklich gut?

Ulrike: Dann saßen wir abends auf dem Sofa und machten Handyfotos von uns, wie ein altes Liebespaar. Und schickten die nach Israel, damit Nele beruhigt war.

Hauptsache, wir lieben uns. Tiefer ist die Liebe geworden, aber auch größer die Angst, sie noch einmal zu verlieren. Diese Angst, das weiß Reinhold, an der wird er noch viel arbeiten müssen. »Darum sorgt nicht für morgen, denn der morgige Tag wird für das Seine sorgen. Es ist genug, dass jeder Tag seine eigene Plage hat.« (Matthäus 6)
Und das Leben mit einem behinderten Mann? Der zwar schlank und groß und gut aussehend am Tisch sitzt, mit Jeans und Turnschuhen. Aber sich morgens erst mal in die Prothesen reinschaffen muss, damit er aufstehen und losziehen kann. Ulrike ist nicht der Typ, der auf das guckt, was nicht geht. »Ich denke selten: Ach, wie schlecht. Ich denke: Ach, wie gut. Wir leben, und wir leben fast wieder normal. Ich lerne zu schlendern, er lernt, ein guter Beifahrer zu sein. Das Leben ist ein Geschenk. Das ist mir immer tief bewusst.«

Ist es passiert? Oder hat er es getan? »Ich weiß, dass ich nicht nur mich, sondern andere beschädigt habe«, sagt Reinhold. Dass er Schuld auf sich geladen hat, auch dem Zugführer gegenüber. Als Seelsorger weiß er, was eine posttraumatische Belastungsstörung ist, dass Zugführer nach einem Suizid oft nie mehr arbeiten können. »Das quält mich. Ich hoffe – und bete –, dass er wirksame Hilfe bekommen hat und das Ganze gut bewältigen kann.« Reinhold Truß-Trautwein weiß, dass er Frau, Tochter und viele Freunde schwer belastet hat. »Manchmal ist es mir einfach nur peinlich. Was für ein dickes Ding!«

Aber er hat auch verstanden, dass es sich um eine ernste Erkrankung handelt. Um eine schwere depressive Krise. Und dass es eine Seite in ihm gibt, wie in uns allen, die er nicht kontrollieren kann. Auch nicht mit Sätzen. Dass es manchmal auch schlimmer kommen kann. Und man, wie die Tochter im Abitur schrieb, nach links und nach rechts gucken muss.

Frieda & Walter

Liebe in Zeiten von Alzheimer

Was soll sie denn jetzt mit diesen Hosen? Vier Paar ordentlich gebügelte und gefaltete beige Hosen, die guten von Ralph Lauren und Boss, hat die Pflegerin ihr in die Hand gedrückt, »die sind zu eng geworden«. Praktische Schlupfhosen mit Gummizug soll sie im Versandhandel bestellen, »die alten Hosen nehmen Sie bitte mit nach Hause, Frau Messerschmidt«. Frau Messerschmidt ist irritiert. Sie ist nur mit Handtasche zu Besuch im Demenz-Pflegeheim, wo ihr Mann seit zehn Monaten wohnt. Was soll sie mit den alten Männerhosen, daheim, wo die Schränke doch eh schon voll sind mit seinen Sachen? »Da hängt ja noch der Smoking«, sagt Frau Messerschmidt.

Der Smoking, den trug er zu festlichen Anlässen, zwei Abos hatten sie, Oper und Schauspiel, sie hatten ein gutes Leben als Ehepaar. Großes Haus am Tegernsee, Golfclub, Bergtouren im Karwendel. Bis vor zwei Jahren arbeitete Walter Messerschmidt, 75, noch als Rechtsanwalt in München, übersetzte Gerichtsakten direkt vom Englischen ins Französische. Wahnsinn, dieses Hirn, dachte sie immer. Und wie sportlich er ein Leben lang war. 40 Kilometer am Stück gelaufen, acht Stunden Skitouren durch den Tiefschnee. »Ich dachte immer, irgendwann wird er von einer Lawine erschlagen, das hätte gepasst.« Lawine, kurz und grässlich, und dann Schluss. Aber jetzt ist es ganz anders. Alzheimer. Es ist lang und auf eine seltsame Art sogar ganz schön. »Mein Vater ist jetzt wieder ganz emotional geworden«, schwärmt die erwachsene Tochter, »mich erinnert er an früher, als ich ein kleines Kind war. Da war er auch so zärtlich.« Sie ist gerührt, dass er hinter seiner strengen metallenen Anwaltsbrille so weiche Gesichtszüge bekommen hat, sie mag seinen

»Mein Vater ist jetzt wieder ganz emotional geworden.«

melancholischen Blick, dem sie lange standhält. »Das ist doch keine schlechte Art, langsam aus dem Leben zu gehen.« Nein, schlecht ist sein Leben hier nicht, im Oberklasse-Pflegeheim vor den Toren von München. Das liegt vor allem an zwei Dingen. Am Topfenstrudel und an Frieda. Frieda ist eine Mitpatientin, auch sie hat Alzheimer. Die beiden sind »unser Liebespaar«, wie die Heimleitung sagt. Wenn Walter den Speisesaal betritt, küsst er Frieda auf den Mund. Dann sitzen sie zusammen am Tisch, Hand in Hand. »Du, du, du«, sagt Frieda dann, fuchtelt mit dem erhobenen Zeigefinger vor seinem Gesicht herum, und sie lachen so albern und ver-liebt, als seien sie mitten in der Pubertät. »Du, du, du«, macht Walter dann, sagt aber gleich darauf sehr ernst: »Wir machen alles zusammen. Alles.«

Jetzt wartet das Liebespaar zusammen auf den Topfenstrudel. Topfenstrudel, ofenwarm, mit besonders vielen Eiern drin, »das ist Glück pur für meinen Vater«, sagt die Tochter, »er hätte immer gern eine Frau gehabt, die Topfenstrudel für ihn backt«. Jetzt hat er eine Freundin, die Topfenstrudel mit ihm isst. Jeden Bissen sorgsam auf die Gabel nimmt, ganz langsam den Geschmack genießt von Quark und Vanille. Ihm zärtlich einen Blätterteigkrümel vom Ärmel zupft und dann seine Hand streichelt. »Uns geht es gut, mein Schatz, nicht wahr?«, flötet Frieda. »Ja, uns geht es gut.«

Und wie geht es der Ehefrau? Sie ist eine sehr eigenständige, attraktive Frau, 73, sie geht locker für Mitte 60 durch. Schicke Reiterstiefel und Designerbrille. Sie sagt auch nicht »Schatz« zu ihm. Sie muss jetzt zusehen, wie eine andere Frau die Hand ihres Mannes streichelt und mit ihm schäkert. »Ich musste lernen, dass ich in seiner Welt keinen Platz mehr habe«, sagt sie tapfer, »was für ein Glück für einen Menschen, dem sie alles genommen haben, den Beruf, die Familie, den Sport. Jetzt hat er Frieda.«

Frieda, erzählt man sich, hat es regelrecht angelegt auf den neuen Bewohner im Heim. Im Mai kam er, und gleich hat sie alle anderen Frauen weggescheucht, die sich für ihn interessierten. Bald saß das neue Paar zusammen am Esstisch, und als die Ehegatten zu Besuch kamen – Walters gesunde Ehefrau, Friedas gesunder Ehemann – wurde am Anfang noch so getan, als sei nichts. »Da haben die Pflegerinnen die Frieda immer weggeräumt, als ich kam«, sagt die Ehefrau. Aber sie sah doch, wie Frieda hinter einer Säule stand und nervös von einem Fuß auf den anderen trat, bis endlich der Besuch wieder weg war. Da hat die Ehefrau den Pflegerinnen gesagt, dass es schon in Ordnung gehe mit der neuen Freundin, und Hauptsache, dem Walter gehe es gut.

Und an Weihnachten haben sie im Heim schon einen großen Tisch für alle gedeckt: für Walters Familie und für Friedas Familie.

Unsicher sitzen sie zusammen, Friedas Sohn ist aus Hamburg gekommen, Walters Tochter aus Berlin. Hatten Sie eine gute Fahrt, wie oft kommen Sie zu Besuch? Man will sich ja nicht aushorchen. Immer wieder die gegenseitige Versicherung, dass alles in Ordnung sei, »wie gut, dass die beiden sich gefunden haben«.

Was ist das jetzt, eine Notgemeinschaft? Eine neue Patchworkfamilie? Frau Messerschmidt geht das alles zu schnell. Neulich hat Friedas Mann, ein topfideler, aber leicht verwuschelter Naturwissenschaftler, sie am Bahnhof abgeholt und zum Pflegeheim gefahren. »Das wollte ich gar nicht.« »Die Situation ist jetzt so, wie sie ist. Aber mehr muss nicht sein.« Dass sich die gesunden Ehepartner womöglich als neues Liebespaar zusammentun, wie das in Kinofilmen schon mal vorkommt, »um Gottes willen, das fehlt mir grade noch«.

Aber fehlen tut sie doch, die Liebe? Ach, da war in den letzten zwei Jahren mit Walter keine körperliche Nähe mehr. Er war ganz in sich zurückgezogen, verzweifelt. »Du kannst dir nicht vorstellen, wie es mir geht«, sagte er zu ihr, »es geht alles weg aus meinem Kopf, ich kann es nicht festhalten.« Der Mann, der ihr einst im Smoking die ganze Welt eröffnete, den musste sie am Ende einsperren in ihrem schönen Haus am See. Und konnte ihn doch nicht festhalten, ihn, den rastlosen Sportler. Einmal fanden sie ihn in Nürnberg wieder, zusammengeschlagen von betrunkenen Jugendlichen, die ihn ausgeraubt hatten. Da hatte der Hubschrauber ihn schon mit Wärmebildkameras gesucht, da war schon große Panik, und sie dachte, ob ich das noch lange schaffe mit der Pflege.

Und dann, Ostern 2011, der Albtraum. »Ich muss nach München«, sagte er morgens um acht, und er sagte es durchgehend bis 23 Uhr. Gott sei Dank, dann schlief er ein. Um halb zwei wachte er auf, zog sich an, wollte los, seine Frau rannte nach unten, schloss die Haustür ab, rannte nach oben, wollte die Balkontür verrammeln, da stieß er sie die Treppe hinab. »Das hat er nicht mit Absicht getan«, aber wenn sie es erzählt, zittert ihre Stimme, denn es war seine letzte Nacht in diesem Haus, in dem sie 37 Jahre zusammen gelebt hatten.

Danach ging alles schnell, er rannte mit Hausschuhen hinaus in die Nacht, sie rief den Notarzt, der ihn zum Glück schon im Scheinwerferlicht seines Autos erkannte und mitnahm ins Krankenhaus, in die Neurologie. Von dort kam nach drei Wochen der Anruf des Chefarztes, und jetzt muss Renate Messerschmidt richtig weinen, als sie von diesem Anruf erzählt. »Ihr Mann kann nie wieder nach Hause. Er muss in ein geschlossenes Pflegeheim, aus dem er nicht weglaufen kann.« Der Chefarzt gab ihr eine Liste mit 20 Heimen, 15 hat sie angeschaut, eines fand sie schlimmer als das andere. Verwahrloste verwirrte Menschen, die ihr entgegenkamen, manchmal nackt mit nichts als einer Inkontinenzwindel bei sich. »Ich habe nach jedem Besichtigungstermin geweint vor Verzweiflung«, sagt sie, und auch die Tochter konnte es kaum glauben. »Wie unwürdig unsere Gesellschaft mit Menschen umgeht, die doch ein Leben lang etwas geleistet haben.« Die Tochter, der Sohn und die Ehefrau von Walter Messerschmidt legen jetzt zusammen, damit der Vater in einer wirklich guten Einrichtung leben kann. 4400 Euro kostet sie im Monat, nur 1000 Euro davon bezahlt die Pflegekasse,

Was ist das jetzt, eine Notgemeinschaft? Eine neue Patchworkfamilie?

die Krankenkasse bezahlt gar nichts. Viel Geld. Und jeden Monat kommt noch eine Rechnung mit Extraposten dazu: Friseur, Windeln, Hemden bügeln, Nägel schneiden.

Nägel schneiden will ihm Renate Messerschmidt jetzt selber, das Geld kann man wirklich sparen. Sie hat auf dem Weg nach Oberbayern extra in München stopp gemacht, ist zum Eisenwaren-Kustermann am Viktualienmarkt gefahren und hat eine Nagelzange gekauft, die gute von Zwilling, für 60 Euro. Jetzt sitzt sie mit ihrem Walter auf dem Pflegebett in seinem Zimmer, wo an persönlicher Habe nur sein alter Lehnsessel, ein Reinhold-Messner-Buch und ein Porzellan-Cockerspaniel von der Oma geblieben sind. Der Rest ist freundlich, praktisch und vor allem abwaschbar. Der Teppich musste raus, er roch zu sehr nach Urin. »Da kann er nichts dafür«, sagt die Ehefrau, »das sind die Tabletten.« Ein Moment der Innigkeit, wie sie da mit der Nagelzange auf dem Bett sitzen, das alte Ehepaar, sie nimmt seine Hand, wenigstens zehn Minuten ohne die Argusaugen von Frieda. »Ich schneid ganz vorsichtig, ich tu dir nicht weh.«

Dann will er zurück in den Speisesaal, seine Frieda ist schon ganz unruhig, schnell küsst er sie mitten ins Gesicht, da bin ich wieder. Und für die Ehefrau ist es auch Zeit zu gehen, der Zug fährt bald zurück nach München. Sie nimmt ihn in den Arm, küsst ihn auf die Wange. Der Frieda gibt sie die Hand. Aber Moment, was ist das denn für ein ausgeleierter alter Pullover, den Walter da anhat? »Der gehört dir doch gar nicht.« Stimmt, beim letzten Besuch trug er Tommy Hilfiger. Dieser hier sieht eher nach Secondhandladen aus. »Den Pullover hab ich ihm geschenkt«, sagt Frieda, »der ist von meinem Mann.«

Dann mal pfüati, ich komm bald wieder, sagt die Ehefrau, und sie ist traurig auf dem Weg zum Bahnhof. Daheim warte ja niemand, sagt sie, und dass sie das erste Mal in ihrem ganzen Leben allein ist in dem großen Haus. Keiner, der Laub zusammenrecht und Schnee schippt. Keiner, der mit ihr ausgeht. Eingeladen wird sie auch nicht mehr so oft wie früher, als sie noch ein Paar waren. Klar, da ist der Golfclub und die Jogginggruppe. Aber sie, die mit fünf Geschwistern aufwuchs, die immer ein aktives Gesellschaftsleben hatte – sie ist jetzt Witwe, ohne Witwe zu sein.

Immer auf der Rückfahrt mache sie sich Vorwürfe, sagt sie. Wenn er jetzt so sediert ist mit Medikamenten – dann hätte sie ihn doch auch daheim pflegen können? Dann wäre er vielleicht gar nicht mehr weggelaufen? »Habe ich doch versagt?« Nein, die Ärzte haben es klar gesagt: Walter wird nicht mehr nach Hause kommen. Nie wieder. Und den Smoking, den kann sie jetzt auch verschenken.

Anna & Martin

Martina heißt heute Martin

Es gibt viele Sätze, mit denen man an Neujahr seine Partnerin überraschen kann. Leicht verkatert, das alte Jahr
abgeschlossen, das neue ganz frisch, alles noch offen und
voller Verheißungen. »Ich werde mich selbstständig machen«,
wäre so ein Satz, oder: »Ich höre auf zu rauchen.«
Den Satz, den Anna, damals 38, am Abend des 1. Januar 2011
beim zweiten Glas Wein hörte, wird sie nie mehr vergessen.
»Ich fühle mich als Mann«, gesteht ihre langjährige Lebensgefährtin Martina, und: »Ich stecke im falschen Körper.«
Zunächst – Schrecken. Angst. Extreme Aufregung. Was soll
das heißen? Was wird das für Folgen haben? Wenn Anna an
diesen Rotweinabend zurückdenkt, dann weiß sie ganz genau:
»Es war nur dieses ganz kurze: Oh Gott! Und dann gleich: Ja!
Jetzt verstehe ich endlich, was los ist. Jetzt hat es einen
Namen!« Furchtbar aufwühlend sei dieser Abend gewesen, sagen beide, und fast aus einem Munde: die totale Befreiung.
Heute, drei Jahre später, hat Anna tatsächlich Martina verloren – und Martin gewonnen. Denn Martina heißt heute
Martin. Er hat Anna »die Frau genommen, die er im Grunde
nie war«. Martin hat eine »Geschlechtsangleichung« voll-
zogen, mit zwei großen Operationen und vielen Hormonen,
und die beiden sind trotzdem ein Paar geblieben. Sie haben
ein Kind, Lilly, 14 Monate alt. Und Lilly hat jetzt Mama und
Papa. Eine perfekte Kleinfamilie, wie Küchenbauer und
Sparkassen-Chefs sie bisweilen für ihre Imagebroschüren
suchen: gut aussehende, nette junge Akademiker in einer
Traum-Altbauwohnung, wo man in der großen Wohnküche nur
mühsam in Ruhe seinen Milchkaffee trinken kann, weil Lilly
lautstark hupend mit ihrem BMW-Bobbycar den naturbe-
lassenen Holztisch umrundet. Alles ganz normal, oder?

Nein, normal ist das noch nicht, für die meisten Menschen wirklich nicht. Deutschland 2014. Die Fernsehnation jubelt über Conchita Wurst. Die evangelische Kirche segnet gleichgeschlechtliche Paare und bekennt sich zum Dialog »zwischen Menschen, die hetero-, bisexuell, lesbisch, schwul, transgender, intersexuell, queer sind«. Aber als ein Bildungsplan vorsieht, dass Schüler die Akzeptanz sexueller Vielfalt lernen sollen, geht ein Aufschrei durchs Land. Ganz so weit her ist es doch noch nicht mit der Akzeptanz. Und selbst bei fortschrittlich denkenden Zeitgenossen gibt es zumindest ein Unbehagen: Darf man das? Das Geschlecht ändern? In die Natur eingreifen, mit Chirurgenmesser und Testosteronspritze? In Gottes Schöpfungsplan?

Und weil das alles noch längst nicht normal ist, wollen die beiden ihre Geschichte erzählen, aufklären, aber nur mit ihrem Vornamen. Sie führen gemeinsam eine erfolgreiche Firma, sie möchten nicht auf das Thema Transsexualität reduziert werden. Und sie wissen, dass man viel erzählen muss, bis alle alles verstehen können.

Fangen wir an mit dem BMW-Bobbycar. Alles bei Martin, früher Martina, ist BMW, er fand immer schon schnittige Autos cool. Heute fährt er einen Sportwagen und eine Limousine der Edelmarke, weil er »drauf steht«. Mit dem Opa zusammen durfte er als Kind das Auto waschen, einen Touring, das war toll. Der Opa hat vielleicht als Einziger geahnt, dass in der kleinen Enkeltochter Martina mit den raspelkurzen Haaren in Wahrheit ein Martin steckte. »Mutzi« rief er das Kind, Mutzi kann beides sein. Die Eltern sind früh gestorben, der Opa war wichtig. Einmal ging der mit dem Mutzi ins

Schuhgeschäft und sagte lautstark: »Der junge Mann braucht Schuhe!« Braune Boots, von Kentucky, der Enkel trug sie voller Stolz.

Martins Familie betrieb eine Lebensmittel-Großhandlung am Kölner Rheinufer. Bodenständig, nett, eine Familie, in der jeder jeden leben lässt, aber auch kein großes Gedöns gemacht wird. Probleme macht man mit sich selber aus.

Und Martin alias Martina hat Probleme. Vor allem in der Pubertät. Sein Körper – der Körper eines biologischen Mädchens – entwickelt sich genau in die gefühlt »falsche« Richtung, die Eierstöcke beginnen Östrogene zu produzieren, und kein Testosteron. Am meisten leidet Martin darunter, dass statt dem ersehnten Bart die Brüste wachsen. Als zum ersten Mal die Menstruation einsetzt, mag er es niemandem erzählen. Und als die Konfirmation ansteht, zieht er das erste und einzige Mal im Leben einen Rock an – der schwerkranken Oma zuliebe. Und reißt ihn sich direkt nach der Feier wieder vom Leib. Ein blauer Rock! Grässlich!

Martin treibt viel Sport, Tennis, Badminton, Fußball, kauft sich Hanteln, um Muskeln zu bekommen und männlicher auszusehen. Er achtet streng auf seine Ernährung, um nur ja schlank zu bleiben, um bloß keinen Hüftspeck anzusetzen, keine weiblichen Rundungen zu bekommen. Den Körper formen – das gelingt nicht aus eigener Kraft. »Hoher Einsatz«, sagt Martin heute, »aber mehr als ein paar Muskeln sind natürlich nicht dabei herausgekommen, es war nun mal ein Frauenkörper.«

Martin lernt diszipliniert für die Schule, kompensiert seine tiefe Traurigkeit, die fast in eine Depression abgleitet, mit Lernen. Und er interessiert sich früh für Medizin, für den menschlichen Körper. Das Medizinstudium zieht er durch wie alle Projekte in seinem Leben: zielstrebig, fleißig, mit 26 hat er schon den Doktor in der Tasche. Er bekommt eine Stelle im Krankenhaus und arbeitet als Arzt – auf dem Kittelschild steht allerdings »Ärztin«. Er übernimmt dann rasch ein gut gehendes Medizinportal im Internet, wird Chef. Nach außen hin ist »Martina« eine Macherin, eine Unternehmerin, eine toughe, kurzhaarige, androgyne Karrierefrau in Boss-Hosenanzügen. Und kommt privat als ganz schöne »Abschlepperin« rüber, ist immer mit Frauen zusammen, aber nie lange.

2003 trifft Martin – damals noch als Martina – Anna, Krankenschwester und Sozialarbeiterin aus Westfalen. Beim Badmintonspielen. »Ich sah sie, und die Sonne ging auf«, schwärmt Martin heute noch, »da war so was Warmes, Lebensbejahendes – ich wusste ziemlich bald, das wird mehr Tiefgang haben als meine bisherigen Affären.« Anna allerdings lebt in einer festen lesbischen Beziehung, ist gerade mit einer Freundin zusammengezogen, Martin will da »nicht reingrätschen«. Und ein bisschen ungleich sind sie schon. Anna, eher öko, fährt morgens mit dem Fahrrad zu ihrer Jugendwohngruppe in eine Kölner Plattenbausiedlung, Martin hat mit seinem fetten Z3 abends Angst, sie dort abzuholen.

Lange warten mag Martin nicht auf seine Traumfrau. »Du musst dich entscheiden, sonst bin ich wieder weg.« So ist er: Wenn Martin sich etwas vorgenommen hat, dann wird es durchgezogen.

Seit 2003 sind sie also nach außen hin ein Frauenpaar, äußerlich der krasse Gegensatz. Anna, die Sozialarbeiterin, hat lange Locken, Martina, die Ärztin, ist eher der

Kerl mit Raspelhaaren, Lederjacke und Männer-Stiefeletten. Aber sie haben vieles gemeinsam. Sie haben beide den Dienst im Krankenhaus quittiert, weil sie Hierarchien nicht ertrugen. Sie finden Verlässlichkeit wichtiger als alles andere. Dass man zufrieden und glücklich ein gutes Leben hat. Und: »Dass man Menschen nie, wirklich gar nie in Schubladen steckt, dass man jeden leben lässt, wie er oder sie ist.« Das klingt jetzt schon sehr nach Programm, nach einem kölschen Karnevalslied, »Levve und levve losse«. Und gerade in Köln, wo es auch nach der letzten Kommunalwahl wieder rechtsradikale Parteien im Rat gibt, wo längst nicht alles so queer und multikulti ist, wie die Städtewerbung das gerne hätte, ist das Gerede von Toleranz manchmal der pure, verlogene Kitsch. Aber eines stimmt: Den Weg, den die beiden dann genommen haben, hätten sie in Paderborn oder in Biberach so leicht nicht beschreiten können. Das geht vielleicht nur in Köln so gut oder in Berlin oder in New York.

Mit Mitte 30, als alles gut schien, als äußerlich alles erreicht war – glückliches Beziehungsleben, zwei gute Jobs, eine schöne Wohnung – kommt »Martina« an jenem Neujahrsabend mit »ihrem« Bekenntnis: »Ich finde mich mit meiner Weiblichkeit nicht zurecht.« Und Anna ahnt natürlich schon lange, dass da was nicht stimmt. Dass »Martina« nicht nur ein bisschen weibermäßig rumzickt vor »ihrer« Menstruation. Sondern dass »sie« es hasst, regelrecht depressiv wird in der zweiten Zyklushälfte, wie ausgewechselt ist. Dass man sie in dieser Phase kaum anfassen darf, schon gar nicht an den Brüsten. Dass sie sich alle vier Wochen die ganz große Sinnfrage stellt: »Warum muss ich menstruieren, ich bin doch keine Frau?«

*Nach der Konfirmationsfeier reißt
er sich den Rock sofort wieder
vom Leib. Ein blauer Rock! Grässlich!*

Da ist keine kleine Irritation, wie sie manche Heterofrau hat, wenn sie sich zwischendurch in eine Frau verliebt. Da ist auch keine Lust am Verkleiden oder Rumprobieren, nichts Spielerisches. »Mir war das verdammt ernst, ich habe einfach nur noch gelitten.«

Eines Tages kommt Martin die Erkenntnis wie ein Blitz: »Ich bin und war immer ein Mann, und ich muss im Körper einer Frau leben. Ich kann das nicht mehr verdrängen und komme alleine damit nicht mehr klar. So geht es nicht weiter!« Ein halbes Jahr grübelt Martin Tag und Nacht, ob er den Weg der Geschlechtsangleichung gehen oder es den Rest des Lebens im Körper der Frau aushalten soll, um seiner biologischen und gesellschaftlichen Rolle zu entsprechen. Er spricht mit Anna, mit der Familie und Freunden und sucht sich einen Therapeuten, der auf Transidentität spezialisiert ist. Alle Ärzte und Therapeuten, die er konsultiert, befürworten, dass Martin den Weg der Geschlechtsanpassung beschreitet. Der Weg ist hart, die Krankenkassen und die deutsche Justiz haben viele, viele Hürden eingebaut, niemand soll fahrlässig oder psychisch labil auf den Operationstisch – und niemand soll den Schritt anschließend bereuen oder gar rückgängig machen wollen. Ärzte und Therapeuten haben in den letzten Jahren dazugelernt, und auch gesetzlich hat sich viel getan. Transsexualität gilt nicht mehr als psychische Erkrankung, sondern als – Originalton – »fehlende Übereinstimmung zwischen Körper und Psyche«. Eine Personenstandsänderung – also der männliche Name im Pass – kann inzwischen auch ohne Operation eingetragen werden. Die Krankenkassen bezahlen das Verfahren in vielen Fällen, wenn auch oft nach langem Kampf. Im Jahr 2011, jüngere Zahlen gibt es leider nicht, haben 1657 Menschen in Deutschland ihren Personenstand geändert.

Sieben Gutachten muss Martin vorlegen, eine Therapie machen – da hilft es zweifellos, dass er studierter Mediziner ist. Dass er gute Ärzte, Psychologen und Selbsthilfegruppen kennt. Und dass er Dinge, die er anfängt, konsequent zu Ende führt.

Konsequent heißt, ganz praktisch: Ärzte suchen, die Brüste, Gebärmutter und Eierstöcke entfernen, am besten auf einmal. Ärzte suchen, die bei der Neumodellierung des Penis »gute Ergebnisse erzielen«. Ein Leben lang Testosteron nehmen. Soweit die medizinische Recherche, an deren Ende für Martin zwei Operationen stehen, eine in Potsdam, eine in Hamburg.

Der Operateur in Potsdam ist ein erfahrener Mikrochirurg, der schon über 550 »Penoide« modelliert hat. Er verwendet dafür Haut und Gewebe aus dem Unterarm, wo besonders empfindliche Nerven sitzen. Diese werden verklebt mit den Nerven der Klitoris, die bei der Operation erhalten bleibt.

Der Operateur verspricht »volle Orgasmusfähigkeit«. Und das, sagen Martin und Anna, war auch die Voraussetzung – »etwas anderes wäre für uns beide nicht infrage gekommen«. Sex ist ihnen wichtig, immer schon.

Konsequent heißt aber vor allem: die Folgen in Kauf nehmen. »Ich habe alles riskiert: dass ich Anna verliere, dass ich meine Freunde verliere, dass ich meine Kunden und damit meine Existenz verliere.«

Seine Frau Anna hat Angst aus einem einzigen Grund: »Wir sind als Paar eng verbunden. Aber es bleibt das Risiko, dass ich einfach nicht mitkomme mit den Veränderungen.« Anna kommt zugute, dass sie als studierte Sozialarbeiterin die Sache strukturiert angeht. In drei Schritten. »Was wird das für Martina/Martin heißen? Was für uns als Paar? Und was für mich als lesbische Frau?« Die Fragen beantwortet sie genau in dieser Reihenfolge: Martin wird glücklich sein, und ich will, dass er glücklich ist. Für uns als Paar wird es natürlich eine große Herausforderung werden. Aber es bleibt derselbe Mensch! Und es wird auch spannend werden mit einem Mann an meiner Seite. Seine Haut wird sich anders anfühlen, er wird anders riechen, aber er wird ein attraktiver Kerl sein! Und zur Lesbenszene werde ich nicht mehr richtig gehören. Das findet sie tatsächlich ein bisschen schade, »das ist in Köln schon wie Familie«.

Die beiden gehen das Projekt als gemeinsames Abenteuer an. Es hilft, dass sie beide neugierige Menschen sind, dass sie auch Spaß am Erkunden ihrer Körper haben. Wird Martin durch die Hormonspritzen jetzt Fußballerwaden kriegen? Hm, das fände Anna komisch. Wird die Cellulite verschwinden? War eh nie so dolle, er macht ja so viel Muskeltraining. Wo genau wird der erste Flaum wachsen? »Am Bauch fand ich die ersten Haare echt komisch«, erinnert sich Anna, »aber Martin war halt so stolz auf jedes einzelne Haar.« Auch an den neuen Geruch muss sie sich gewöhnen. Sie mochte es gern, wie Martina roch, sie mag jetzt auch den Körpergeruch von Martin. Aber als er zum ersten Mal ein Herrenparfum von »Boss« kauft, sagt sie: »Nä. Bah. Mag ich nicht, lass das weg.« Wie gut, dass diese beiden sich schon so lange kennen. Und dass Anna eine Frau ist, die sehr genau sagen kann, was sie will und was ihr zu weit geht. Die im Gespräch auch schon mal energisch auf den alten Küchentisch trommeln kann und sagen: »Schnüss!« – was auf Kölsch netter klingt, aber so viel heißt wie: »Schnauze! Jetzt bin ich mit Erzählen dran.«

Nein, Anna ist keine, die nur passiv »aushält«, was Martin da vorhat. Auch Anna hat Pläne für ihr Leben. Auch sie ist Ende 30, als die ganze aufregende Zeit anfängt. Und sie wollte immer schon ein Kind, auch dafür tickt die biologische Uhr. Diesen Plan geht sie an – genauso zielstrebig wie Martin seine Geschlechtsanpassung. Natürlich ist auch dies ein gemeinsames »Projekt«, denn Anna möchte nur zusammen mit Martin Eltern werden. Und es klappt auf Anhieb. Mit der Folge, dass beide im selben Jahr viele Krankenhäuser von innen sehen.

Es ist wirklich viel, was die beiden sich da gleichzeitig zugemutet haben. Und es ist bestimmt auch viel für ihre Umgebung. Muss das sein? So viel Korrektur am Schicksal? Martins Bruder ist besorgt, rät ab, was tut sich die kleine Schwester da an? »Bleib doch, wie du bist!«, sagt der Große. Hält man das seelisch überhaupt durch? Allein die Vorstellung: Als Martin zur ersten großen Operation nach Hamburg fährt, zur Entfernung von Eierstöcken, Gebärmutter und Brüsten, fährt Anna mit in die Klinik. Sie ist selber zu diesem Zeitpunkt schwanger. Belastend ist es schon, aber sie wollen alles zusammen durchstehen. Auch Martin hat Angst, kann nachts nicht schlafen. Er hat wenig Angst vor seiner eigenen Operation. Aber er hat Angst vor den neuen Rollen. »Vater sein? Das pack ich gar nicht.« Sie reden, reden, reden. Auch mit einem Psychologen, der Martin länger kennt und ihn ermutigt: »Sie werden ein guter Vater sein.«

Bevor das Baby auf die Welt kommt, steht Martins eigene »zweite Geburt« an: der 3. August 2012. Er bekommt eine neue Geburtsurkunde, einen Pass auf den männlichen Namen Martin. Zu diesem Zeitpunkt sieht er äußerlich noch aus wie – irgendwie dazwischen. Nicht mehr Frau, noch nicht Mann. Das Testosteron, mit dessen Einnahme Martin am 22. November 2011 begonnen hat, an Vaters Geburtstag, tut zwar seine Wirkung. Aber das funktioniert wie in der Pubertät – nach und nach. Erst der Stimmbruch. Dann die ersten Haare an den Beinen. Dann die ersten Bartstoppeln im Gesicht. Dann das erste Mal, dass sie auf einer Geschäftsreise im Ausland bei Starbucks nicht sagen: »Your coffee, Madam.« Sondern: »Your coffee – ähm – your coffee, please!« Es dauert noch, bis sie »Your coffee, Sir« sagen.

Eine schwierige Zeit. Im Schwimmbad lieber nicht ins Wasser gehen. Auf Geschäftsreisen genau überlegen, durch welche Klotür man verschwindet. Und bloß nicht mit EC-Karte zahlen – sonst sagt der Tankwart womöglich: »Könnten Sie bitte mal Ihren Mann zum Unterschreiben holen?«

Den Umgang mit Geschäftspartnern geht Martin genauso planvoll an wie alles in seinem Leben. Setzt sich an einem

Sonntagnachmittag ins Büro, formuliert an 300 Kunden eine Rundmail: »Ich teile Ihnen heute eine persönliche Veränderung in eigener Sache mit. Ich habe mich entschieden, so zu leben, wie ich mich ein Leben lang gefühlt habe: als Mann. Bitte notieren Sie meinen neuen Namen.« Er fügt dann noch die Bitte hinzu »mir genauso offen entgegenzutreten wie ich Ihnen, bitte Fragen zu stellen, wenn es Fragen gibt«. Dann drückt er, etwas bange, auf »senden«. Und schon wenige Minuten später trudeln die ersten Antworten ein. »Glückwunsch«, »Danke, dass Sie uns informieren« und »Alles Gute!«. Zwei Kunden antworten, dass sie selber seit Jahren eine persönliche Geschichte mit sich herumtragen, die sie aus Angst vor Diskriminierung nicht nach außen tragen. Keine einzige Reaktion ist negativ – 80 Prozent freuen sich, der Rest bleibt gelassen.

Alles easy also? Nicht ganz. Wäre Martin angestellt in einer, sagen wir, schwäbischen Maschinenfabrik, wäre dieser Schritt womöglich nicht ganz so leicht gefallen. Die Grundrechte-Agentur der Europäischen Union hat untersucht, wie es transgeschlechtlichen Menschen am Arbeitsplatz ergeht. 30 Prozent berichten über Diskriminierung bei der Jobsuche, jeder Zweite gibt an, er würde niemals offen mit seiner Identität umgehen. Martin und Anna haben es als selbstständige Unternehmer im bunten Köln sicher etwas leichter. Blöde Reaktionen? Bestenfalls skurrile. Die Bäckersfrau in der Kölner Südstadt, sonst eher mürrisch, ist morgens freundlicher, seit Martin als Mann auftaucht. Die Sitznachbarin in der U-Bahn ist pikiert, als Martin einen Frauenwitz macht – stimmt, da hatte er selber kurz vergessen, dass er ja jetzt auch optisch als Mann wahrgenommen wird. Und

Jeder zweite transgeschlechtliche Mensch gibt an, er würde am Arbeitsplatz niemals offen mit seiner Identität umgehen.

---

die Krankenschwestern, beobachtet Martin, sind zu Männern netter. Als er, äußerlich schon ganz Mann, mit der neugeborenen Lilly in der Uniklinik übernachtet und eigentlich Wache am Babybett schieben soll, sagt die Krankenschwester am nächsten Morgen: »Der Papa hat aber schön geschlafen.« Martin ist sicher: »Ich könnte wetten, über mich als Frau – als ›Komutter‹ – hätte sie gelästert: Die Lesbe in Zimmer 10 schnarcht laut und hört ihr armes Kind nicht schreien!«

Martin ist ruhig geworden, ausgeglichen, keine hysterischen Anfälle mehr, kein Drama. Er macht nach wie vor sehr viel Sport, in einem Zimmer der schönen hellen Altbauwohnung steht eine Trainingsstation mit Gewichtsblöcken. Das hilft dem Körper, Muskeln auszubilden. Aber der Druck ist weg. »Als ich 20 war, dachte ich, Hilfe, wenn ich einen Tag nicht trainiere, kriege ich sofort Speck an den Hüften.« Heute ist alles entspannter.

Martin ist heute ein gut aussehender, muskulöser Mann mit stonewashed Jeans, den altbewährten Stiefeletten und Gel in den kurzen Haaren. Alle zwölf Wochen bekommt er eine

Depotspritze mit Testosteron, der Hormonspiegel wird regelmäßig überprüft. Das wird ein Leben lang so sein – aber andere Leute leben mit Insulinspritzen, es gibt wirklich Schlimmeres.

Für Anna ist Martin jetzt »er selbst«, »bei mir hat sich da von jetzt auf gleich ein Schalter umgelegt«, sagt Anna. Sie spürt: Martin ist angekommen, und das macht sie froh. Aggressiv ist er nicht geworden durch das Testosteron, nur die Libido hat zugenommen, und das findet sie richtig gut. Der Sex verändert sich, klar, und direkt nach den Operationen geht erst mal gar nichts. Aber das ist nach anderen Operationen auch so, direkt nach einer Geburt zum Beispiel hüpft man ja auch nicht zusammen ins Bett. Und danach? »Entschuldigung, wir kennen uns ja nun schon ein paar Jahre.« Da hat man mehr erogene Zonen erkundet als nur am Unterleib. Und da nimmt man sich Zeit, den anderen neu kennenzulernen, auch Zeit, bis die Nerven richtig funktionieren, bis alles gut durchblutet ist, das dauert ungefähr ein halbes Jahr. Es hilft sicher, dass Anna sich keineswegs vor Männerkörpern ekelt. Sie mag Frauen und Männer, sie war als Studentin jahrelang mit einem netten, eher androgynen Freund zusammen, der heute zum größeren Bekanntenkreis gehört. Kategorien wie lesbisch, schwul und bi passen einfach nicht auf diese beiden Leben.

Sie sind, sagen sie, eine glückliche Familie. Zu wenig Schlaf, zu wenig Party, das haben sie mit allen jungen Eltern gemeinsam. Ein bisschen sehr stinknormal, finden sie – was soll man jetzt eigentlich beim Christopher Street Day über sie denken, wo sie aussehen wie eine Bausparkassen-Familie: Mann, Frau, Kinderwagen?

Zu spießig für die schrille Queer-Parade. Das sind so die Probleme im modernen Deutschland, auf das man jetzt ein ganz klein bisschen stolz sein darf. Dass das geht, dass es juristisch, medizinisch und vor allem im Alltag heute machbar ist, dass Menschen ihr Geschlecht dem anpassen dürfen, wie sie sich fühlen. Und dass sogar die evangelische Kirche eine Orientierungshilfe herausbringt, in der sie schreibt: »Es zählt zu den Stärken des evangelischen Menschenbildes, dass es Menschen nicht auf biologische Merkmale reduziert.« Vielleicht ist es eines Tages doch mehr als ein Wahlslogan: »Leben und leben lassen«. Für Anna und Martin ist es tatsächlich – die Grundlage ihrer Liebe.

Was Liebe aushält

*Gespräch mit der Paar-
und Sexualtherapeutin
Regine Breier*

Ott: Was Liebe aushält ... muss sie überhaupt etwas aushalten?

Breier: Ja, aber keiner muss alles aushalten. Und keiner sollte über den Punkt hinausgehen, an dem er oder sie zu sehr leidet. Aber dieser Punkt ist bei jedem Menschen woanders, das ist sehr individuell.

Warum hält die eine mehr aus, der andere weniger?

Das hängt ganz stark mit der eigenen Lebensgeschichte zusammen. Habe ich selbst eine gefestigte Struktur - dann kann ich mehr aushalten. Was haben mir meine Eltern vorgelebt? Haben sie Krisen nur erlitten, hat bei den Eltern alles in einer Katastrophe geendet? Oder wurde mir als Kind vorgelebt, dass es bei Problemen eine gute, konstruktive Lösung geben kann? Dann habe ich Ressourcen fürs Leben mitbekommen, für meine eigene Liebesbeziehung.

Unsere Eltern haben eh mehr als wir ausgehalten, oder?

Nein. Die Ehen unserer Eltern und Großeltern sind unter anderen Vorzeichen eingegangen worden, da stand neben der Liebe der Versorgungsaspekt im Vordergrund und es gab viel mehr Zweckgemeinschaften. Dadurch waren die Ansprüche an die Liebe nicht so hoch. Diese Paare mussten auch nicht so viele Jahre gemeinsam aushalten, die Lebenserwartung war schlicht kürzer.

Wie wichtig ist eigentlich das Kennenlernen, der Gründungsmythos einer Liebesbeziehung?

Sehr wichtig. An der Art, wie Paare von ihrem Kennenlernen erzählen, merke ich als Therapeutin schon - ist da noch was? Wenn ein Partner sagt, du hattest dieses bunte Sommerkleid an, es hat so gut gerochen an dem Tag und ich glaube, ich hab dich vor Aufregung total zugequatscht ... wenn da noch so ein Glanz ist in deren Augen, wenn sie das erzählen, dann ist noch was da von dem Zauber. Darauf kann man aufbauen. Und man kann diesen Moment auch wieder reinszenieren. Das Kleid von damals anziehen? Das passt schlimmstenfalls gar nicht mehr ...

Aber die Kette, der Armreif von damals? Das erste Geschenk? Die Stones-CD, die man zusammen gehört hat, das Essen? Es geht um Wertschätzung. Damit kann man wieder eine Saite zum Schwingen bringen. Und solche Erzählungen, die man sich als Paar immer wieder in Erinnerung rufen kann, vielleicht auch mit Fotos von damals, die sind ein starker Kitt.

Und der »Heiratsantrag«? Ist der auch wichtig?

Wenn er dem oder der anderen wichtig ist – klar! Wenn der Mann seiner Freundin den Antrag im Musical vor 1000 Leuten gemacht und sie damit beeindruckt hat – dann können die beiden davon lange zehren. Und er kann es nach vielen Jahren wieder wachrufen. Der Soldat, der nach schwerster Krise wieder vor großem Publikum eine Liebeserklärung macht, der eine Powerpoint-Folie an die Wand wirft mit dem Satz: »Ich habe eine wunderbare Frau.« Der hat alles richtig gemacht, denn er weiß, damit kann er seine Frau beeindrucken. Auch wenn andere Paare das nie machen würden. Aber es kommt doch darauf an, dass man seinen eigenen Stil findet und dass es echt ist.

Und wenn die Paare das Kennenlernen anders erzählen? Wenn sie gar nicht mehr wissen, in was sie sich damals verliebt haben?

Dann haben sie keine so gute Prognose. Und wenn sie auch noch entwertend von damals erzählen, wenn sie sagen – du warst halt die Letzte auf der Party ... auch eher blöd.

Den anderen entwerten, ist tödlich. Und wenn ich mich selber entwerte? Wenn ich immer wieder sage, dass ich gar nicht verstehen kann, dass der andere mit mir zusammen ist, dass die Ehe eigentlich längst dahin ist ...

Dann sollte der Partner sofort die rote Karte zeigen: Bitte sag solche Sätze nicht! Stopp! Da muss man als Paar Spielregeln festlegen.

Spielregeln festlegen, das klingt, als ob Paare regelmäßig vernünftige Beziehungsgespräche führen. Fast alle Paare, die ich besucht habe, sagen: Der Mann will ja nicht reden!

In meiner Paartherapiepraxis höre ich das auch, und dann frage ich die Frau: Worüber wollen Sie denn mit Ihrem Mann reden? Und die Frauen sagen oft: über alles Mögliche! Das ist schwierig. Männer sind meistens sehr wohl bereit, klare Ansagen zu akzeptieren. 30 Minuten über ein konkretes Thema ist o. k. Aber wenn Frauen dann überziehen und ganz woanders landen, sind Männer genervt und lassen sich immer seltener darauf ein.

Wenn die Paare in Ihre Praxis kommen, wollen sie ja auch reden. Wie fragen Sie genau nach diesem »Zauber des Anfangs«?

Ich frage: Was glauben Sie, in was der andere sich bei Ihnen verliebt hat? Das regt unheimlich viel an. Der eine fängt an zu erzählen, im besten Fall sagt die andere: Genau getroffen! Aber da war noch viel mehr ... und dann geht es ab bei den beiden. Wenn die Einschätzungen allerdings weit auseinanderliegen, haben die beiden keine gute Kommunikation. Aber erstaunlich oft entwickelt sich ein gutes Gespräch. Ich frage auch: Wie schätzen Sie ein, dass es in der Familie Ihres Partners zuging? Wurde dort offen über Sexualität geredet, waren die Eltern schamhaft oder sind sie nackt in der

Wohnung rumgelaufen? Meistens liegen die Einschätzungen der Partner sehr nah bei der Realität.

Die eigene Entwertung spielt bei vielen Paaren in der Krise eine Rolle. Wenn einer von beiden sich für unattraktiv und nicht begehrenswert hält, wenn er gar in eine Depression rutscht und Selbstmordgedanken hegt – was kann der Partner tun?

Das Wichtigste ist, selber nicht zu tief mit ins Leid hineinzurutschen. Und seine eigenen Grenzen zu kennen. Bloß keine Selbstaufgabe! Nach einer akuten Phase, in der man natürlich hilft und tröstet, muss man unbedingt wieder Dinge für sich tun, die man auch vorher getan hat, Arbeit, Sport, Freunde treffen. Wer erst mal in ein Helfersyndrom reinrutscht, läuft Gefahr, sich selbst aufzugeben und irgendwann selbst zu erkranken. Man muss übrigens – das gilt für alle Paare, nicht nur für die mit einem kranken Partner – nicht alles gemeinschaftlich machen. Ganz wichtig ist in jeder Beziehung, dass man seine Individualität behält und pflegt. Man muss auch nicht unbedingt zusammen wohnen, man kann zwei Wohnungen haben. Viele hängen noch sehr an der Illusion zu verschmelzen . . .

. . . klingt ja auch schön romantisch.

Symbiose ist bis zu einem bestimmten Punkt schön und wichtig, gerade am Anfang einer Beziehung. Aber nur wer im Prinzip auch alleine leben kann, räumt wirklich Platz für den anderen ein. Und dieses Bedürfnis nach Symbiose kann sich im Lauf eines Lebens mehrmals ändern.

Unterschiedliche Phasen von Nähe und Distanz?

Genau. Natürlich sehnen sich alle Paare nach Nähe. Ein wichtiger Punkt dabei ist Sex, regelmäßiger Sex schafft starke Bindung. Aber auch der Sex verändert sich im Lauf der Jahre. Er wird seltener, er wird anders, für manche wird es wichtiger zu kuscheln. Der sicherste Weg ins Unglück ist zu sagen: Ich hätte es gerne genau wie am Anfang. Es gibt kein Zurück zum Früher, es gibt nur ein Vorwärts zu Neuem, man kann aber Teile des Altbewährten mitnehmen.

Wem gelingt das besser, wem weniger gut?

Am einfachsten haben es Paare, für die Sex nie so wichtig war. Am schwersten ist die Veränderung der Sexualität für Paare, die sich vor allem durch Sex definieren, denen das ganz wichtig ist. Ein Teil davon hat glücklicherweise Spaß am Spielen und Experimentieren, das ist gut, die finden leichter neue Stellungen und Spielarten. Aber wer sehr fixiert ist auf eine bestimmte Art von Sex und merkt, es geht organisch nicht mehr so gut und so oft, wird Probleme bekommen.

Und wenn einer will, der andere nicht?

Dann schlage ich meistens vor, der Lustlosere soll das Kommando übernehmen. Und das Paar soll sich Zeit nehmen, sich verabreden. Aber bloß nichts überinszenieren! Nicht ein verruchtes Hotel buchen und dann unter Druck stehen, dass jetzt wahnsinnige Sachen passieren müssen. Das wird meistens nur krampfig. Man sollte bei solchen Paaren Entspannung reinbringen, damit was Neues entstehen kann.

Und wenn dann einer eine Affäre beginnt und der andere schier zerbricht daran?

Dann kann ein Paar mit dieser Narbe weiterleben. Das ist aber oft das Aus von Beziehungen. Darum bin ich dafür, unbedeutende Affären lieber für sich zu behalten.

Wie bitte? Du sollst nicht lügen ...

Es geschieht ja, um die wertvolle bestehende Partnerschaft zu schützen. Besonders Männer neigen dazu, Affären zu gestehen, und wundern sich, was sie damit anrichten. Männer begegnen Frauen ja auf drei Ebenen, sie sehen die Frau als Geliebte, als Mutter und als Kameradin auf Augenhöhe in einer Person. Wenn sie eine Sexaffäre gestehen, sind sie in dem Moment der kleine schuldige Junge, der hofft, dass Mama ihm übers Haar streichelt und sagt, alles nicht so schlimm. Aber die Geliebte ist schwer gekränkt. Und die Partnerin nicht mehr auf Augenhöhe ...

Wenn Paare noch viel, viel älter werden, wenn einer von beiden pflegebedürftig oder dement wird, wie hält der andere das aus?

Oft erstaunlich lange. Aber wenn ein Partner zu sehr leidet, darf er sich natürlich auch zurückziehen, Pflegedienste oder ein Heim in Anspruch nehmen. Männer schaffen das in der Regel schneller als Frauen, die Pflegen und Umsorgen mehr gewohnt sind. Es wird immer mehr Paare geben, wo einer sagt: Das mach ich nicht! Bei der zunehmenden Zahl von Patchworkfamilien werden auch Kinder und Stiefkinder sagen: Ich übernehme die Pflege nicht! Und deswegen muss unsere Gesellschaft ganz dringend neue Formen des Zusammenlebens finden und fördern. Es gibt noch viel zu wenig Alternativen zum betreuten Wohnen oder Altenheim. Ich kann mir die WG-erfahrenen zukünftigen alten Paare und Singles in neuen Wohnformen vorstellen, wo man sich gegenseitig unterstützt mit dem, was man eben noch kann, und Hilfe von außen gemeinsam organisiert und nutzt. So kann man zusammenbleiben, hat aber auch eine Rückzugsmöglichkeit.

Was ist eigentlich an der Binsenweisheit dran: Wer eine

Krise zusammen gemeistert hat, geht gestärkt daraus hervor? Sehr viel. Wer mit dem andern etwas durchgestanden hat – eine schwere Krankheit, den Verlust eines geliebten Menschen, den Verlust des Arbeitsplatzes – sagt sich: Den geb ich nicht so schnell auf! Oft sagen Paare, dass diese Krise eine Entwicklung angestoßen hat, dass beide gewachsen sind. Und wenn ein Paar es schafft, sich gegenseitig beim Wachsen mit Wertschätzung und Wohlwollen zu unterstützen, dann kann es vieles miteinander aushalten und hat die besten Chancen zum »Durchhalten«.

DR. MED. REGINE BREIER, 50, ist Gynäkologin, Paar- und Sexualtherapeutin mit eigener Praxis in Ulm.

DIE AUTORIN

URSULA OTT, *geboren 1963, ist Chefredakteurin von chrismon. Sie hat auch früher, bei »Brigitte«, »Geo« und »Emma«, gerne über die Liebe geschrieben und dafür zahlreiche Journalistenpreise gewonnen. Selber hat sie im zweiten Anlauf den Mann ihres Lebens gefunden, mit dem sie in der edition chrismon bereits zwei Bücher veröffentlicht hat. Sie hat zwei Söhne und lebt in Köln und Frankfurt am Main.*

andere Geschenkideen
Sie im **chrismonshop**

Gesine Wulf, Hannes Leitlein

WARUM WIR HEIRATEN
ZWÖLF PAARGESCHICHTEN

Die Kosmetikerin, die den Bundeswehroffizier auf einer Silvesterparty traf und zwei Tage später wussten sie schon, es ist Liebe. Die norddeutsche Psychologin und der kolumbianische Musiker, die in Berlin ihr Glück fanden, und die zwei Einwanderer aus Kasachstan, die gleich drei Wochen lang Hochzeit feierten. Sie alle erzählen, warum sie daran glauben, dass ihre Zweisamkeit gute und schlechte Zeiten überdauert.

128 Seiten, Flexicover,
15 x 21,5 cm
978-3-86921-210-4
16,90 €

E-Mail: **bestellung@chrismonshop.de**
oder bei Ihrem Buchhändler

Bibliografische Information der Deutschen Nationalbibliothek.
Die Deutsche Nationalbibliothek verzeichnet diese Publikation in
der Deutschen Nationalbibliografie; detaillierte bibliografische
Daten sind im Internet über http://dnb.d-nb.de abrufbar.

Lektorat:
Elke Rutzenhöfer

Textnachweise:
S. 66ff.: »Er warf sich vor einen Güterzug« in »chrismon«, September 2013
S. 82ff.: »Liebe in Zeiten von Alzheimer« in »chrismon«, März 2012
Die Texte S. 10ff., 22ff., 82ff. und 93ff. wurden anonymisiert.

Fotonachweise:
Umschlag: Martin Homer/Getty Images/Flickr
S. 10ff.: Kniel Synnatzschke/plainpicture
S. 22ff.: Lynn James/Getty Images
S. 36, 41: Ina Schoenenburg
S. 52, 57: Christian Huhn
S. 66, 73: Sibylle Fendt
S. 82ff.: Thekla Ehling
S. 92ff.: Francesca Schellhaas/photocase.com

Bildredaktion:
Dorothee Hörstgen

Gestaltung:
Lena Gerlach

Druck und Bindung:
GRASPO CZ a.s., Zlín

ISBN 978-3-86921-259-3